应用语言学与大学英语教学研究

柴纹纹 著

北京工业大学出版社

图书在版编目（CIP）数据

应用语言学与大学英语教学研究 / 柴纹纹著 . — 北京：北京工业大学出版社，2022.11
　ISBN 978-7-5639-8473-2

　Ⅰ．①应… Ⅱ．①柴… Ⅲ．①英语－教学研究－高等学校 Ⅳ．①H319.3

中国版本图书馆 CIP 数据核字（2022）第 186743 号

应用语言学与大学英语教学研究
YINGYONG YUYANXUE YU DAXUE YINGYU JIAOXUE YANJIU

| 著　　　者：柴纹纹
| 责任编辑：郭志霄
| 封面设计：知更壹点
| 出版发行：北京工业大学出版社
| 　　　　　（北京市朝阳区平乐园 100 号　邮编：100124）
| 　　　　　010-67391722（传真）　bgdcbs@sina.com
| 经销单位：全国各地新华书店
| 承印单位：唐山市铭诚印刷有限公司
| 开　　本：710 毫米 ×1000 毫米　1/16
| 印　　张：12.25
| 字　　数：245 千字
| 版　　次：2023 年 4 月第 1 版
| 印　　次：2023 年 4 月第 1 次印刷
| 标准书号：ISBN 978-7-5639-8473-2
| 定　　价：72.00 元

版权所有　翻印必究

（如发现印装质量问题，请寄本社发行部调换 010-67391106）

作者简介

柴纹纹，女，1981年6月生，河南省许昌市人，毕业于中央民族大学，硕士研究生学历，现任郑州师范学院外国语学院讲师。研究方向：语言学及应用语言学。主持并完成河南省教育厅人文社科项目一项、河南省社科联项目两项，省级教学成果奖两项。郑州市优秀教学团队主要成员之一。发表论文二十余篇。

前　言

提高大学英语教学质量不仅是教育者的责任，也是高校积极应对时代挑战的需要。当前，应用语言学在理论研究上已经有了很大的发展，但是具体实践还没有完全成熟，因此，本书根据应用语言学的相关原理，提出了提高大学英语教学质量的策略，希望能够以此激发大学生学习英语的热情和信心。

全书共九章。第一章为应用语言学基本理论，主要阐述了应用语言学的内涵及本质、应用语言学的发展历程、应用语言学的基本理论、应用语言学的研究意义等内容；第二章为大学英语教学基本理论，主要阐述了大学英语教学的历史沿革、大学英语教学的理论依据、大学英语教学的基本原则、应用语言学与大学英语教学的关系等内容；第三章为应用语言学与大学英语词汇教学，主要阐述了大学英语词汇教学现状、大学英语词汇教学的理论阐述、应用语言学指导下的大学英语词汇教学策略等内容；第四章为应用语言学与大学英语语法教学，主要阐述了大学英语语法教学现状、大学英语语法教学的理论阐述、应用语言学指导下的大学英语语法教学策略等内容；第五章为应用语言学与大学英语听力教学，主要阐述了大学英语听力教学现状、大学英语听力教学的理论阐述、应用语言学指导下的大学英语听力教学策略等内容；第六章为应用语言学与大学英语口语教学，主要阐述了大学英语口语教学现状、大学英语口语教学的理论阐述、应用语言学指导下的大学英语口语教学策略等内容；第七章为应用语言学与大学英语阅读教学，主要阐述了大学英语阅读教学现状、大学英语阅读教学的理论阐述、应用语言学指导下的大学英语阅读教学策略等内容；第八章为应用语言学与大学英语写作教学，主要阐述了大学英语写作教学现状、大学英语写作教学的理论阐述、应用语言学指导下的大学英语写作教学策略等内容；第九章为应用语言学与大学英语翻译教学，主要阐述了大学英语翻译教学现状、大学英语翻译教学的理论阐述、应用语言学指导下的大学英语翻译教学策略等内容。

笔者在撰写本书的过程中，借鉴了国内外很多相关的研究成果，在此对相关学者、专家表示诚挚的感谢。

由于笔者水平有限，书中有一些内容还有待进一步深入研究和论证，在此恳切地希望各位同行专家和读者朋友予以斧正。

目　录

第一章　应用语言学基本理论 …………………………………… 1
　　第一节　应用语言学的内涵及本质 …………………………… 1
　　第二节　应用语言学的发展历程 ……………………………… 4
　　第三节　应用语言学的基本理论 ……………………………… 10
　　第四节　应用语言学的研究意义 ……………………………… 13

第二章　大学英语教学基本理论 …………………………………… 17
　　第一节　大学英语教学的历史沿革 …………………………… 17
　　第二节　大学英语教学的理论依据 …………………………… 22
　　第三节　大学英语教学的基本原则 …………………………… 32
　　第四节　应用语言学与大学英语教学的关系 ………………… 39

第三章　应用语言学与大学英语词汇教学 ………………………… 43
　　第一节　大学英语词汇教学现状 ……………………………… 43
　　第二节　大学英语词汇教学的理论阐述 ……………………… 46
　　第三节　应用语言学指导下的大学英语词汇教学策略 ……… 53

第四章　应用语言学与大学英语语法教学 ………………………… 59
　　第一节　大学英语语法教学现状 ……………………………… 59
　　第二节　大学英语语法教学的理论阐述 ……………………… 60
　　第三节　应用语言学指导下的大学英语语法教学策略 ……… 67

第五章　应用语言学与大学英语听力教学 ………………………… 74
　　第一节　大学英语听力教学现状 ……………………………… 74

第二节　大学英语听力教学的理论阐述 ·································· 82
　　第三节　应用语言学指导下的大学英语听力教学策略 ················ 88

第六章　应用语言学与大学英语口语教学 ······································ 97
　　第一节　大学英语口语教学现状 ·· 97
　　第二节　大学英语口语教学的理论阐述 ·································· 100
　　第三节　应用语言学指导下的大学英语口语教学策略 ················ 118

第七章　应用语言学与大学英语阅读教学 ····································· 126
　　第一节　大学英语阅读教学现状 ·· 126
　　第二节　大学英语阅读教学的理论阐述 ·································· 128
　　第三节　应用语言学指导下的大学英语阅读教学策略 ················ 138

第八章　应用语言学与大学英语写作教学 ····································· 141
　　第一节　大学英语写作教学现状 ·· 141
　　第二节　大学英语写作教学的理论阐述 ·································· 148
　　第三节　应用语言学指导下的大学英语写作教学策略 ················ 163

第九章　应用语言学与大学英语翻译教学 ····································· 166
　　第一节　大学英语翻译教学现状 ·· 166
　　第二节　大学英语翻译教学的理论阐述 ·································· 172
　　第三节　应用语言学指导下的大学英语翻译教学策略 ················ 185

参 考 文 献 ·· 187

第一章　应用语言学基本理论

应用语言学作为一门学科在中国的发展始于20世纪60年代，与英国和美国等西方国家相比，起步较晚。然而，应用语言学具有强大的生命力，几十年来在我国已成为发展最快、讨论最广泛的语言学学科之一。本章分为应用语言学的内涵及本质、应用语言学的发展历程、应用语言学的基本理论、应用语言学的研究意义四部分。

第一节　应用语言学的内涵及本质

一、应用语言学的定义及研究领域

（一）应用语言学的定义

应用语言学（applied linguistics）是一门新兴学科，国内外语言学界对其定义始终存在较大的争议，至今尚未形成完全统一的观点。

波兰语言学家博杜恩·德·库尔德内（Baudouin de Courtenay）在1870年首次提出了应用语言学这个概念。直到20世纪中期，这一概念才开始在国外语言学界得到认可和广泛使用，博杜恩·德·库尔德内的定义强调了应用语言学的"应用性"，这无疑是正确的。然而，他没有考虑到应用语言学的跨学科性质和应用语言学的理论方面，因此，许多学者认为这个定义是片面的，需要改进。

中国的应用语言学研究最早可追溯到1977年，广东外语外贸大学将其确立为考试科目。此后，应用语言学研究在中国逐渐兴起。

应用语言学所涉及的范围越来越广，所以就出现了"广义的应用语言学"与"狭义的应用语言学"之分。

广义的应用语言学是指将语言学知识应用于其他学科，如生物学、物理学。而狭义的应用语言学主要是指语言教学，其理论支撑主要来自语言学、教育学和心理学；换言之，狭义的应用语言学仅指语言教学，特别是第二语言和外语教学，主要用于了解外语教学的规律，构建学习过程中产生的知识体系。应用语言学的这种广义和狭义的划分，非常符合国外语言学会的观点，也符合该学科的实际应用。然而，如前所述，在一定程度上，它没有提到该学科的"跨学科"和"理论"性质。此外，"狭义的应用语言学仅指语言教学"的说法可能会引起误解，让人感觉应用语言学和语言教学是一体的，但事实上它们并不是，应用语言学和语言教学可能密切相关，但它们不是同一种活动。如果只是单纯地把应用语言学和语言教学等同起来，就等于假设所有实用英语的课程都是应用语言学的课程，这显然是不正确的。

（二）应用语言学的学科本质

应用语言学由语言学、心理学和人类学等多学科内容融合而成，同时其发展也顺应着外语应用的需要，基于多方面的构成因素，最终形成了应用语言学这一学科。

应用语言学更多的是从多学科角度出发，立足于教与学这两个方面，对所学语言的教学理论、应用原则和实践方法进行思考与探究。其核心在于强化使用者对外语的应用和加深受教育者对外语的多方面认识，而非仅仅是简单的了解。

（三）应用语言学的研究领域

应用语言学和其他学科之间的关系类似于物理学和工程学之间的关系。据不完全统计，应用语言学正逐步向多样化和丰富化发展，在现阶段包括以下几个方面。

1. 语言教学领域

应用语言学在语言教学的发展中起着非常重要的作用，是语言教学质量和效果的重要保证。然而，仍有一些应用语言学家对语言教学认识不足，不能科学有效地处理应用语言学与语言教学之间的关系。目前，我国的应用语言学家面临着如何利用现有知识促进外语教学发展的问题。而似乎只有依靠应用语言学的不断发展、应用语言学家本身专业知识的丰富，才能更好地促进外语教学的发展。

2. 语言政策和计划领域

在过去的数十年中，各国政府已经意识到，人口的变动，特别是大规模的人口迁移、难民的流动、政治独立、少数民族暴动等，都与国家的管理、语言学、社会和心理学密切相关。通常情况下，运用语言学可以帮助我们更好地理解并解决各种问题，例如，社会、政治、经济、语言学和文化问题，这些都是各个领域合作的核心问题，我们可以运用语言学解决这些问题，并且发表相应的意见，避免因语言和文化冲突造成更严重的后果。

语言计划并不只包括与各国的国语和当地语言相关的问题。经济日益成为语言计划的动力，因此，各个国家也对此制定一系列政策与措施，例如，澳大利亚的国家语言计划鼓励改进对其贸易伙伴进行的语言的教学。

二、应用语言学的本质

（一）应用语言学具有独立性

应用语言学的独立性体现在以下几个方面。首先，应用语言学具有独立的理论。其次，应用语言学已经形成了系统的研究方法。例如，观察法、日记法、实验法、访谈法和调查法。最后，应用语言学有独立的研究对象和目标。例如，应用语言学将计算机和语言作为研究对象，并探讨如何利用机器翻译来取得更好的结果。

（二）应用语言学具有跨学科性

虽然应用语言学有自己的理论，但其研究范围和学科的发展需要使用、吸收和整合其他学科的理论，例如，层次理论和动态理论。应用语言学就是把有关学科的理论、描述和技巧应用到外语教学中，在两者之间起到一个中介的作用。应用语言学所应用的首先是各语言学科，例如，语音、语法、词汇、语义等，也应用到一些与语言学相关的边缘学科，例如，心理语言学、社会语言学、计算语言学、神经语言学等。只要与外语教学相关的学科，它都应用，当然，不仅局限于语言学科，还有非语言类学科，例如，教育理论、教育测量、计算机科学、统计学等。

（三）应用语言学具有应用性

应用语言学和其他语言学最明显的区别就是"应用"二字，因此，应用性也是应用语言学的一大本质。随着跨学科的不断发展，应用语言学越来越注重解决现实世界中与语言有关的各种问题，体现了应用语言学的应用导向理念。同时，应用语言学的发展也为其他学科提供了新的研究视角，打破了学科界限，并促进了跨学科的发展。

（四）应用语言学具有社会性

应用语言学的发展是以服务社会为基础的，与社会的运作和结构密切相关。但是，在一定程度上来说，中国的应用语言学仍处于"落后"阶段。这意味着"本土问题"没有得到充分解决，由于国情、历史和文化差异，中国和国外面临的问题是不同的。为了发现和解决真正的问题，我们应该立足本土，去发现、解决我国的实际问题。

第二节 应用语言学的发展历程

一、应用语言学的缘起

应用语言学这个词在 19 世纪 70 年代被提出，但当时并不被重视，直到 20 世纪因其独特性才成为一门独立的学科并发展至今。1964 年，应用语言学成为一门正式的学科，国际应用语言学学会在法国南锡正式成立。随后，来自不同国家的顶尖语言学家发表了与这门学科相关的论文，使应用语言学得到了更好的发展，至今欧美国家依然是对该学科十分欢迎和积极倡导的语言学研究国家，欧美国家的高度重视，也使应用语言学在这些国家中得到了最快的发展。最初，许多理论研究者认为应用语言学研究只是由理论研究成果的应用构成的活动，没有理论价值可供探讨。然而，随着越来越多的人开始从事应用语言学的工作，其逐渐认识到应用语言学的理论工作，并认为它是不可或缺的。英语教学是一种基于理论的专业活动，教学的成果取决于理论指导的程度。应用语言学是一门非常实用的学科，所以英语教学需要同时注重实践和理论学习。尽管应用语言学的理论尚未完全确立，对该学科的理论争论也未曾停歇，但这些争论将会有效地推动该学科的理论研究，加快其理论发展速度。

（一）单一研究取向的起步阶段

我国著名语言学家桂诗春认为，应用语言学可以追溯到《圣经·创世纪》中关于通天塔的神话，在神话中，上帝打乱了人类的语言，并将拥有不同语言的人分散到世界各地。这一理论表明，语言和语言教学都有悠久的历史，语言教学的起源在于语言差异。

1870 年，库尔德内提出"应用语言学"一词。当时，这个广泛而模糊的术语并没有引起学术界的兴趣，因为它没有定义研究的主题或领域，也没有提供一个理论或概念框架。直到 1940 年，随着外语教学需求的增加和外语教育的普及，特别是在美国，应用语言学研究才开始受到关注，"应用语言学"一词的研究范畴和范式也被探索出来。在这一时期，外语教学是应用语言学研究的重点。

（二）多学科渗透的发展阶段

应用语言学在 20 世纪 60 年代经历了快速发展的阶段，并于 1964 年正式成为一门独立学科。"第一届世界应用语言学大会"于 1964 年在法国南锡召开，国际应用语言学学会成立。从那时起，由于应用语言学的专业课程和项目的设立以及许多相关学术文章、期刊和教科书的发表与出版，该学科得到了丰富。在进一步发展的过程中，应用语言学的几个分支学科，例如，社会语言学和计算语言学，逐渐出现并与传统语言教学一起迅速发展。应用语言学使语言学与更多的学科互动，扩大了研究范围，并渗透到其他学科，从而使其难以界定一个明确的学科范围。

二、应用语言学的发展

（一）国外应用语言学的发展

如前所述，应用语言学是波兰语言学家库尔德内在 1870 年提出的术语。他认为开始分化出应用语言学是为了运用纯粹语言学的知识来解决其他科学领域的各种问题。20 世纪以后，语言科学得到了进一步的发展，分化出应用语言学和理论语言学两个分支。20 世纪 40 年代，由于军事、科技等的需要，外语教学得到发展，应用语言学变得尤为重要。

1946 年，密歇根大学成立了英语系，一本著名的杂志《语言学习》（*LANGUAGE LEARNING*）以"应用语言学杂志"为副标题出版。从那时起，应用语言学作为一门语言学学科，被学术界认可和接受。

（二）国内应用语言学的发展

在学科教育发展过程中，语言学的成立有深厚的底蕴基础，可以追溯到中华人民共和国成立初期，因为语言的发展是社会文明和生产发展的前提条件。应用语言学的发展也是为了帮助国家培养优秀的外贸和翻译人才的教导者，有利于语言文化的传播和发扬。

在语言的学习和发展过程中，如果想要获得良好的发展，必须懂得随机应变、根据场景进行变通，做到对语言的灵活运用，才能够在语言交际过程中占据重要的地位。在语言学教学发展之初，教学机制缺乏灵活性，主要是为了满足语言考试的需求，没有真正地运用到人际交流中，随着社会需求的增加，教学内容逐渐向实用化的人际交流演变，发挥了语言的实际沟通交流功能。

在社会生产力不断提高和生产方式不断变化的过程中，应用语言学也在不断地演变发展，有了更加广阔的应用前景，应用语言学的研究学者逐渐增多，对教师的教学水平提出了更高的要求。特别是在当前信息科技的高速发展中，应用语言学在各个领域都发挥着重要的作用。

我国的应用语言学研究起步于20世纪70年代末80年代初，20世纪90年代以后，得到进一步的发展。桂诗春先生在1978年写给《外语教学与研究》杂志复办后的一封读者来信中，在短短的1700多字的书信中把自己关于外语教育的理解、国外的研究以及自己的建议写在纸上，并提出有必要系统地整理、分析、研究和总结过去几十年的外语教学经验，认为"我们的经验（包括教训）是不少的，但缺乏的是科学的研究和总结"，还在"科学的"三个字下面加上着重号以示强调，并把国外新兴的应用语言学引进来，指出"虽然在这门学科里，精华和糟粕都有，但它到底是试图把语言教学置于一定的科学的基础之上，使语言教学在一定的理论指导下进行"。①

"应用语言学"这几个字在当时的学术界还很新鲜，而把外语教学作为应用语言学关注的一个主要主题来呈现也使中国的外语教学界眼前一亮。桂诗春先生罗列了一大串中国外语教学需要思考的问题，例如，教学法问题、教师问题、研究方法问题、培养目标问题、中国人学外语的规律问题、影响因素、始学年龄、教材、大纲、考测等，并指出，这些问题既需要从实际出发，也需要理论指导，即它们需要被置于科学的基础上进行探讨。可以说，如果没有杜诗春先生的努力，中国外语界的应用语言学是不可能得到迅速的发展的。

桂诗春先生在1978年组织了全国外语教育研讨会。

1978年，全国外语教育座谈会召开，桂诗春呼吁引进应用语言学，建立符合中国实际情况的应用语言学体系。

1980年，广州外国语学院和上海外国语学院联合举办了"应用语言学与英语教育"研讨会。

1981年，中国英语教学研究会成立。

1992年，第二届"应用语言学与英语教育"研讨会在天津举行。

2001年，第三届"应用语言学与英语教育"研讨会在北京举行，每次研讨会都能产生高质量的论文集。

---

① 桂诗春. 关于开展外语教学研究工作的几点意见（来信选登）[J]. 外语教学与研究,1978（1）:81-77.

2002年，国际应用语言学学会正式接纳中国英语教学研究会为会员，中国的应用语言学研究逐渐发展到目前的规模。

2005年，我国申办第16届世界应用语言学大会获得批准，许多国家的代表纷纷向我们表示祝贺，我国参加会议的学者和留学生都为在北京主办国际应用语言学大会而感到自豪。

2011年在中国召开的第16届世界应用语言学大会，是中国应用语言学向国际标准靠拢的重要一步。

虽然桂诗春先生已经与世长辞，但是他所做出的关于应用语言学的贡献是永远不会消磨的。总而言之，纵观国外和中国应用语言学的发展，应用语言学在西方起步较早，以语言教学为主要研究对象。

相比之下，国内应用语言学兴起较晚，国内语言界受到外语发展的影响，其研究内容主要集中在以第二语言习得为中心的外语教学方面。换言之，国外的应用语言学是出于实际需要而诞生的，而应用语言学被引入中国外语界是为了与国际接轨，使中国应用语言学领域的学术话语权提高到国际水平。就应用语言学的发展而言，应用语言学的本质是以应用为导向的。

三、应用语言学研究的三大转向

（一）社会转向

20世纪90年代中期，应用语言学家开始关注语言学习的社会方面，标志着应用语言学的社会转向的开端。这种社会转向将学生和教师视为积极的能动性主体，而且将学生视为复杂的社会个体，他们与社会环境的互动影响着语言学习的过程和结果。许多理论（如社会文化理论和情境学习理论）都强调社会环境在语言学习中的重要性，其中社会文化理论（sociocultual theory，简称SCT）受到了研究者的特别关注。

1.SCT概述

SCT认为一切高级思维都受中介调节，而语言是其中一个重要的中介工具。教师为学生提供有效中介的过程实际上是一个共建过程，教师需要依据他们对学生能力的即时判断不断调整对学生的辅助策略。证明学习已经发生的证据是，学生能够独立使用以前需要通过帮助才能表达出来的语言形式。证据也可以由中介（反馈提供者）给予学生的帮助来提供，如果"帮助"不是越来越"明晰"而是越来越"淡化",学生在这种情况下可以逐渐摆脱对明确帮助的依赖,这就是学习已经发生或正在发生的证据。

2. 基于 SCT 的语言教学

SCT 倡导以实践为基础的观点,辩证地调和理论与实践,理论是实践的基础,同时满足实践的需要。作为这种实践理论的结果,动态评估和概念教学已经成为当代两种主要的教学方法。动态评估主要是基于最近发展区的理念,重点是教师与学生一起,通过社会互动来构建学生的最近发展区。与传统的评估(测试学生目前的水平)相比,动态评估是一种积极的、具有双重作用的解决方案,它将培训和测试结合起来,帮助教师确定学生语言技能的发展水平,并设计有效的干预措施以达到更高的发展水平。概念教学建立在中介思想的基础上,强调有效的第二语言教学需要教师系统地让学生接触与所教学科相关的概念知识,并将掌握这些概念知识作为实现学生学习目标的手段。研究表明,动态评估和概念教学对促进学生的语言发展非常重要。

3. 情感认知辩证观——情感体验

情感体验不仅在教育学和心理学领域受到关注,在应用语言学中也得到了研究。情感体验强调情感和认知的辩证统一,尽管环境通过情感体验影响个体,但在情感体验中,影响个体发展的究竟是情感因素占主导,还是认知因素占主导,需要结合具体语境予以探究。许多研究者强调情感认知辩证法中的情感成分,尤其是消极情感,而无论是谈论独立于认知的情感还是谈论独立于情感的认知,都是无助于理解情感和认知的本质。因此,基于情感体验的研究需要从整体和生态的角度来看待情感和认知,并探讨为什么一个元素(情感或认知)会凌驾于另一个元素之上,以及两者在特定情境下如何互动,以促进或阻碍学生的语言发展。

(二)多语转向

随着经济全球化、移民和留学制度的快速发展,多语制越来越普遍,应用语言学的研究也在向这种多语制方向发展。

1. 心理语言学和认知视角的多语现象

心理语言学和认知视角的多语现象及其教学内容主要是元语言意识、工作记忆和注意力。相关的研究不再集中在词汇知识上,而是集中在更深的认知层面。此外,双语的概念正越来越多地被多语所取代,例如,多语学生和多语儿童。研究人员已经研究了多语者的语言习得和语言损失,以及课堂上的多语现象等。

2. 与多语相关的语言政策

调查不同背景下的语言政策，例如，不同国家和地区、大学、课堂和家庭背景等，我们会发现多语主题大致包括翻译实践、读写能力的发展，特别是翻译实践，越来越多的研究人员将其作为一种教育方法加以推广。传统的双语教育是建立在分离主义的基础上的，一次只教一种语言，这种教育是基于同时使用两种语言会造成学生学习混乱的想法的。后来研究者用超语来描述多语者灵活地使用多种语言资源来表达意义的现象。研究表明，超语的使用有助于学生有效地发展他们作为语言使用者（而不仅仅是学生）的身份，提高他们的能力，对语言学习产生积极影响，促进关于意义的协商等。

总体来说，多语制就是要探讨学生如何利用语言资源来发展多语身份，以及这种身份是否有利于语言学习等问题。

（三）积极转向

在20世纪70年代，心理学的发展受到了积极转向的影响，摆脱了以前的病理学研究，开始关注如何谋求个人和群体的福祉。随着积极心理学在各个领域的应用越来越多，应用语言学领域也出现了积极的转变。这项研究的大部分内容是基于"扩展建构理论"和"幸福理论"展开的。通过研究发现，积极情感能让学生更积极地吸收语言资源，因此积极的情绪会促进思维的发散，使个人有能力使用丰富的解决问题的技能，从而建立解决语言学习问题的资源库。

幸福理论使用"PERMA"一词，它包括积极的个人发展的五个要素：Positive Emotion（积极情绪）、Engagement（投入）、Relationships（人际关系）、Meaning（意义）、Achievement（成就）。这五个要素对促进个体积极发展至关重要。牛津大学发现，PERMA并没有充分捕捉到关于语言学生的研究结果或语言学习的复杂性和动态性，也没有包括重要的情感因素，例如，毅力和动机，因此开发了九要素"EMPATHICS"框架，PERMA系统被引入并扩展。因此，EMPATHICS有利于更全面地分析语言学生的幸福感的组成部分，并在积极转向的框架下为语言教学研究提供一个更有力的解释框架。

近年来，积极心理学领域出现了将积极和消极情绪放在一起研究的趋势。研究人员认识到积极和消极情绪作用的复杂性，并呼吁进一步研究这两种不同情绪的冲突影响，统称为"矛盾性"。这种发展为语言教学中教师和学生的心理和情感研究提供了一个新的视角，意识到这些矛盾情感的存在可以为影响学生语言或教师专业发展的情感因素提供一个更全面和综合的研究视角。

第三节　应用语言学的基本理论

对于应用语言学是否有理论，有不同的看法。有些人认为"应用语言学是语言学理论的应用，而本身不是理论"，应用语言学是理论的消费者，而不是理论的生产者。这是一种偏见和误解。事实上，语言学理论的应用不是应用语言学本身。应用语言学最重要的特点是，它有自己的理论、原则和方法，这些都是应用，但不是通常意义上的应用。认为应用语言学没有理论，主要是基于理论语言学和应用语言学之间以及纯科学和应用技术之间的类比。近年来，学者和专家合作，根据应用语言学的规则来建立并发展其理论。应用语言学的基本理论包括行为主义理论、对比分析理论、错误分析理论、输入假说理论、中介语理论和人文性理论等。

一、行为主义理论

美国心理学家约翰·华生（John Broadus Watson）提出行为主义理论，其灵感来自条件反射理论（Conditioning theory）。他认为，心理学不应包括意识和意图等主观方面，而只应包括观察、测量、刺激和反应等客观方面。

他认为，行为就是生物适应环境刺激的物理反应的组合，其中一些在外界，是可见的，一些则隐藏在生物体内。他还认为，人类和动物遵循同样的规则，因此在本质上没有区别。1930年前后，出现了一种新的生物行为主义理论。华生对行为主义理论有极端的看法，这些看法被一些行为主义者修正。他们发现，在个体受到的刺激和行为反应以及个体在那一刻的身体和精神状态之间存在一座桥梁，而这座桥梁实际上是行为的关键。这个桥梁包括内在的一些动机变量，例如，欲望、饥饿和自我保护，以及认知变量（对其他事物的感觉和运动能力）。

二、对比分析理论

对比分析既是一种语言学理论，也是一种方法论。对比分析理论是第二语言习得研究的一个早期理论，现代学者一般认为它是对比性语言学发展的标志或第二语言习得的开始。对比分析经常与对比语言学互换使用。对比分析理论区分了强对比、弱对比和温和对比。认知理论倾向于适度的对比，而强对比和弱对比在学术界的争论最多。解放军外国语学院蔡金亭教授认为，高对比度旨在预测学生的错误和困难，而低对比度旨在解释第二语言习得中的困难，并解释不同语言系统之间的相似和差异。对比分析理论的目的是改善教学和学习，并预测学生的错误。强对比理论认为第一语言（通常是母语）是学习第二语言的障碍，会造成困难，并进一步认为母语干扰是造成错误和学习困难的唯一原因，学习困难是由两种语言之间的差异造成的，差异越大，学习困难就越大。高对比度甚至将目标语言和母语之间的差异等同于学习困难。这就是为什么语言之间的对比变得如此重要，教师要教的和学生要学的就是两种语言之间的所有差异。

对比分析理论还认为，第二语言的成功习得是刺激、反应和强化形成习惯的结果。语言学习创造了习惯，一旦习惯形成，学生被置于语言环境中就会自动做出反应。

三、错误分析理论

错误分析是在对比分析的基础上发展起来的一种理论。对比分析侧重于学生的母语对目标语言学习的干扰，比较两种语言的异同，以分析或预测学生使用目标语言时出现语言错误的可能性。错误分析理论认为，并非所有的语言错误都来自母语的干扰，而主要是学生的语言系统与目标语言不匹配的结果。

四、输入假设理论和输出驱动理论

美国语言教育家斯蒂芬·克拉申（Stephen D. Krashen）在1983年提出自然教学法，并首次在儿童学习第一语言的过程提出了"习得"和"学习"的概念。在此基础之上，克拉申又提出了著名的输入假设（The Input Hypothesis）理论，这种假设指的就是上面提到的"习得"过程，而不是"学得"过程。克拉申认为，人们获得一种新的语言能力是通过理解高于自身现在理解力水平的语言输入，他认为人们可以通过这种"理解性的输入"（i+1）来习得语言。这种习得语言的方式并不注重语法，而是让学生沉浸在所要掌握语言的语境当中，通过每天的接触，耳濡目染地掌握它。

除了输入假设理论，还有与其相对的输出驱动理论。该理论有三个方面：触发功能、假设测试功能和元语言反思功能。第一个功能旨在引起学生对语言问题的注意，从而使他们意识到这些问题并予以解决。第二个功能是让学生从自己的角度出发，通过在输出过程中使用反馈，开始调整输入、输出的关系。第三个功能是学生通过思考自己和他人的语言使用来思考语言使用并分析语言的形式、结构和语音等方面的知识。

输入假设理论和输出驱动理论在第二语言习得过程中的应用，完全适用于高等教育的英语教学。然而，在日常生活中，英语课堂教学主要采用传统的大学英语教学模式，课程教学仍是教育的主要推动力。许多已经通过大学英语四级或六级的学生仍然无法用英语流利地表达完整的句子，这表明语言输入没有很好地转化为学生的行动。结合高校英语语言教学的听、说、读、写几个主要教学目标，要求学生在英语学习之后可以流利地使用口语与外国人交流，可以书写信件与外国人沟通。但目前高校英语教育的英语语言的输入过程和最终的输出结果明显不对等，许多学生严重缺乏语言技能。

五、中介语理论

中介语指的是在第二语言习得过程中，学生利用一定的学习策略，在目的语输入的基础上所形成的一种既不同于其第一语言也不同于目的语，随着学习的进展向目的语逐渐过渡的动态的语言系统。

中介语的概念是由美国语言学家塞林克（Selinker）在1969年提出的。1972年，塞林克发表了一篇题为《中介语》的文章，明确提出了"中介语假说"，这一假说研究的是第二语言学生的语言系统和学习模式，在第二语言习得的研究史上有重大意义，它包括以下内容。

①中介语是可渗透的，即构成中介语的规则并不固定，可以被学生的母语或目标语言的规则和形式所渗透。

②中介语是可变的，即它是不断发展的，不是从一个阶段跳到另一个阶段，而是慢慢地改变现有的规则，不断地借助"假设及检验"的手段，使其适应目标语言的新规则。

③中介语是系统的，这意味着它是一个相对独立的语言系统，有自己的语音、语法和词汇规则系统。

六、人文性理论

语言并不像传统语言学普遍认为的那样，只是一种思考和交流的手段，而是包含着丰富多样的人类文化。正如中国传媒大学于根元教授所解释的，语言的人文性是指在语言发展和使用过程中所表现出来的文化特征。它包含两个方面的内容：一方面，语言是记录和反映文化发展状况的重要文化媒介，记录和反映着文化的发展状态，同时，语言也促进着文化的发展。另一方面，文化也影响着语言的发展——不仅是语言本身，还包括语言的使用。当人们有了一种语言，他们就有了一个精神世界。语言是人的世界，是人的家园，包含着人类心灵的无限财富，而这些财富源于语言的人文性。

第四节　应用语言学的研究意义

一、应用语言学研究的必要性

我国的应用语言学研究始于20世纪70年代末80年代初。此后，随着社会、经济、技术、政治、文化和语言教学的不断发展，特别是随着计算机技术和互联网技术的发展，语言的传递和学习也在不断发展和进步。因此，应用语言学研究的领域变得越来越广，应用语言学逐渐深入校园，深入社会，与许多学科融合。人们逐渐对应用语言学有了新的理解和认识，并将其应用于生活，提高了生活质量和个人素养。

应用语言学旨在将语言学理论应用于外语教学，并研究外语教学的方法，从而满足当代需求，进一步提高应用语言学的实际价值。应用语言学作为一种理论，需要人们付诸实践，需要得到人们的认证和实行，将理论投入实际生活中的过程，就是应用语言学存在的一种意义。通过深入分析可以看出，应用语言学就是语言学理论和实践相结合的产物，它的出现和发展是为了满足社会的发展需求。应用语言学可被人们利用从而用于实现特定的目标。

当然，研究应用语言学的意义远不止于此，应用语言学是一门在文化中无处不在的学科，影响着许多不同的文化和学科，我们可以在不同的领域遇到并学习应用语言学。作为语言文化的语言学展示了应用语言学的有用性和价值，因为它一方面是静态的，用文字的形式来交流思想和理论的内容，另一方面是动态的，人们要把理论付诸实践。

二、应用语言学对大学英语教学的促进作用

（一）将大学英语教育内容高度延伸

现如今，大学英语的概念不再局限于"基础"层面，在大学学习英语的学生基本上具有一定的英语语言能力。因此，如果大学坚持基础层面的教育，大学英语教学的效果就会受到影响。如果能够将应用语言学的相关理论和研究作为英语教学教育改革的一种新思路，那么相关部门在编写教材和教学大纲时就会有更开阔的思路。在一定程度上扩大大学英语教学的理论范围，丰富大学英语教学的内容，改变了其一贯的"理论基础性"特征。

（二）使大学英语课堂更具活跃性

由于大学学生人数较多，经常会出现一名教师面对近百名学生的情况，教师向学生提问的可能性就会很小；相对应地，学生的注意力被转移的可能性就会变大。如果教师能用应用语言学的方法与思路来进行英语教学，那么教师就可以利用应用语言学的教学内容来拓展学生的思维，尽可能地摆脱指导性教学。应用语言学的基础是应用教学，而应用就是行动。为了培养学生的应用能力，在一定程度上教师就会增加课堂上的英语教学活动，当学生参与活动时，学生的活跃性就会被有效激活。

（三）提升学生在实用英语方面的应用能力

应用语言学的核心概念是"应用"。然而，目前大学中使用的教学模式基本上是以理论提升为主的，并不注重应用技能的培养。扎实的理论基础是发展应用技能的重要条件，而应用语言学中的"应用"教育概念，可以成为辅助学生将所学知识加以完善应用的重要教学手段。因此，在大学英语教学中使用应用语言学是提升学生在实用英语方面的应用能力的一种有效方式。

（四）明晰高校英语教学方法

在教育的任何阶段，课堂上的主体始终是学生，大学的英语教学也不例外。在高等教育中，如果能从学生的角度明确界定适当的英语教学方式和方法，那么就很容易增强英语教学的效果。语言学在英语教学中的应用是相对独特的，是确定英语口语和书面语这两种语言之间的关系。就我国目前的英语教学来说，大致可分为两部分：听、说、读、写的基础部分和翻译的巩固部分。听、说、读、写是连贯的、互补的，但同时也有各自的特点和困难，需要运用不同的教学方法和教学技巧。在设计英语教学的方法时，必须明确教学的最终目标，然后按一定比例分配教学时间。例如，由于实时翻译和文学翻译在学习目标上存在一定的差异，因此在这两种情况下对课时的要求也应有所不同。

所有英语学生的目标都是获得较强的英语交际能力和语法应用能力。应用语言学的基本原则之一是根据学生的具体学习目标制订更加实用的教学方案。对那些没有很好地掌握英语基础知识的学生，要进行更深入的口语教学，并激励他们练习英语口语。利用广播和杂志等媒体可以增强应用语言学的教学效果，提高学生对语言学习的兴趣，鼓励他们参加英语实践活动，活跃英语学习气氛，培养他们在英语对话中的表达和应用能力。总之，为了提高大学英语教学的灵活性，需要从学生的角度明确界定教学方法和教学方式。

（五）明晰高校英语教学内容的短板

通过对比我国和西方国家的应用语言学教学，可以看出我国的大学英语教学在应用语言学运用方面存在两个问题。

第一，在大学英语教学中，大多数教师过于强调语法的使用，而忽视了语言的情感表达。也就是在英语教学中，教师过多地强调英语的语法、发音、阅读理解和作文等方面，却忽视了英语的情感表达。在分析和解读文章时，将大部分时间都用在了分析语法的用法和句子的结构上，理论知识教学占据了教学的大部分时间，枯燥难懂，这大大削弱了教学效果，导致学生忽略了英语语言使用的实际语境，只关注如何正确地运用语法。

第二，教师通常会指出并纠正学生在英语教学中所犯的错误，但是不会对学生的错误进行深入的分析。事实上，教师需要对学生的错误进行分析和总结，了解他们的学习状态和学习问题，并提供有针对性的指导和帮助，使学生不再犯同类错误。

（六）指导大学英语教学改革

虽然目前我国的大学英语教学在理论上有所提高，但整体理论仍然处于较低的水平，相关研究也不全面。这是英语教学教育改革的一个缺陷，我们一定要充分认识到这一点。事实表明，任何改革都必须建立在一定的理论基础上，大学英语教学的改革也不例外。在大学英语教学改革的过程中，为了有效促进应用语言学在英语教学中的应用，有必要进一步提高对应用语言学的重视程度。我国有上千所大学和数万名大学英语教师，因此，大学英语教学改革绝不是少数人的责任，而是需要广大教师的积极参与，只有这样，改革才能顺利进行。

目前，大多数教师有一定的教学经验，但理论知识仍有不足。为了能够更好地运用应用语言学理论，英语教师需要掌握更多语言心理学、教育学和心理学方面的知识和技能。他们还需要将应用语言学理论与实际英语教学相结合，根据学生的英语水平制订更合适的英语教学方案，使学生能够掌握英语学习的规律。除了提高应用语言学的教学技能外，英语教师还应该注重加强应用语言学的理论知识储备。理论知识和实践经验都很重要，两者对提高英语教学水平至关重要。只有将这两种方法有效地结合起来，才能更好地结合实际英语教学过程中遇到的各种问题，满足学生学习英语的不同需要。

在英语教学改革方面，高校也应大力开展应用语言学和相关学科的理论研究，如普通语言学、心理语言学、社会语言学和教育心理学等。要在理论研究的基础上，总结教学经验，提出符合外语教学规律的科学的改革方案，用理论指导教学改革。当然，我们也应该认识到，有些理论是正确的，有些则不是。因此，在实践过程中，我们需要验证理论，并纠正错误的理论。这样，应用语言学的相关理论就能与我国大学英语教学的实践有机地结合起来，并得到持续发展。

（七）提高学生的口语和写作能力

我国的大学英语教学长期以来坚持"以阅读为主"的教学模式，重点在于精读，辅以泛读和速读，并且每周会安排一到两次的听力课。这种教学方式适应了中国改革开放前的现实情况。当时，中国的对外交往比较少，大学生毕业后除了阅读外文资料外，基本上没有其他的外语交流方式。因此，"基于阅读"的学习形式符合当时大学生的需求。然而，时代变了，随着外语交流的不断发展，外资或三资企业的数量不断增加，现在所有领域都需要一批具有较强外语交流能力的管理人员和员工，大学毕业生往往是其招聘的第一选择。这意味着大学生对自己的外语能力，尤其是交流能力要有很高的要求，换言之，也就是对大学英语教学提出了更新、更高的要求。显而易见的，"以阅读为主"的教学模式跟不上这种需求。因此，为了适应社会的发展需要和用人单位对外语能力的要求，我国高校应合理利用应用语言学的相关理论，在英语教学中注重培养学生的交际能力，特别是提高学生的口语和写作能力。

第二章　大学英语教学基本理论

本章分为大学英语教学的历史沿革、大学英语教学的理论依据、大学英语教学的基本原则、应用语言学与大学英语教学的关系四部分。

第一节　大学英语教学的历史沿革

一、大学英语教学大纲的发展

新中国成立后，我国大学英语教学的发展以改革开放为界，呈现不同的发展状态。

新中国成立初期，由于当时的历史背景是帝国主义国家对新中国实行经济封锁和外交孤立，俄语在中国的发展速度远快于英语。随着时间的推移，我国与很多国家慢慢建立了外交关系，对英语人才的需求也逐渐增多。

改革开放之后，英语教育的发展速度极快，大学英语教学也开始步入正轨，我国大学英语教学大纲经历了三个阶段的发展。

20世纪70年代至80年代中期，处于恢复阶段的大学英语教学刚刚起步，并在摸索着前进。这个时候的大学英语教学处于英语教师短缺的状态，很多英语教师都是非英语专业毕业生，其中包括一些由俄语转为英语的教师。此外，大学英语教学的教材、教学模式、教学目标等都不明确，直到1980年，国家制定了第一个统一的高等院校的公共英语教学大纲——《公共英语教学大纲（理工科用）》，才结束了大学英语教学各自为营的无组织状态。

20世纪80年代后期至90年代中期，我国制定的几份大学英语教学大纲包括1985年《大学英语教学大纲（高等学校理工科本科用）》、1986年《大学英语教学大纲（高等学校文理科本科用）》、1989年《高等学校英语专业基础阶段英语教学大纲》。这几份文件都指出，英语教学应该突出语言最基本的交际功能，这是英语教学基础阶段最根本和最重要的目标。由此可以推断出对于英语学生在语言的实际运用上能力的要求，也明确了教学者在教学过程中应该有意识地培养学生的口语表达和交流能力。英语教学应该是为生活中的实际运用而做准备的，应该十分灵活地与日常生活紧密联系。

20世纪90年代中后期，大学英语教学进入提高阶段。大学英语教学着重培养学生的语言能力，帮助学生掌握好的学习方法，并提升学生的文化素养。我国语言教学工作者不断地摸索语言教学方式，帮助学生高效地掌握语言技能。但在最初阶段，教学者还是只注重语言的记忆和书面应试能力，偏重语言基本形式的教授，培养了一批具有丰富的语言理论知识储备、精通语法规则的学生，他们能认、能写，却没有办法使用第二语言与他人流利地进行沟通。在此之后，经过语言学家和教育工作者的不断反思探索，借鉴了国内外先进科学的教学理论及方法，我国的外语教学重心和目标有了很大的变化，明确指出了要致力于培养具备良好的语言交流能力和实际沟通能力的学生，这具有十分重大的实践意义。

我国政府一直致力于大学英语教学模式的改革。2007年，教育部出台了《大学英语课程教学要求》，其中明确提出，大学英语的教学目标是培养学生的英语综合应用能力，特别是听说能力，使他们在今后学习、工作和社会交往中能用英语有效地进行交际，同时增强其自主学习能力，提高综合文化素养。以适应我国社会发展和国际交流的需要。

新时代背景下，大学英语教学改革的目标是提升大学生的英语水平，培养大学生的英语综合应用能力，尤其是听说方面的能力。在教师课堂教学语言方面，教师既要掌握目的语，又要迎合现代教学理论，运用目的语开展英语教学。在课堂教学效果的保障上，不仅教学方法、教学设备、教学理念是非常关键的影响因素，语言输入机会的把握也是至关重要的影响因素之一。

二、大学英语教材的发展

在大学英语教学中，教材起着举足轻重的作用。这是因为英语这门学科的教材要承担比其他学科更多的任务和责任。大学英语教材不仅具有其他学科的特点，还发挥着本身作为语言输出材料的功能。另外，教材还体现了一定的英语学习理念，并通过教学内容、教学材料以及学习活动的编排，使教学要求更加具体化、详细化。因此，大学英语教材不仅是教师组织英语教学活动的主要依据，还是学生学习英语知识的主要来源。

（一）第一代大学英语教材

我国历来重视外语教育和外语教材的建设。20世纪50年代至60年代中期，国家大力推广和发展俄语教育，当时我国大学的外语课主要是俄语。1964年，中共中央、国务院颁布了新中国首部外语教育规划纲要——《外语教育七年规划纲要》，确定英语为学校教育第一外语。英语教材的编写与出版迎来了新的发展，诞生了以《高等工业学校英语》为代表的我国第一代大学英语教材，其采取的教学模式是"以课文为中心，以语法为纲"的传统模式。同一时期，许国璋等编写的《许国璋英语》不仅满足院校教学需求，还服务于社会上广大零基础的英语自学者。

（二）第二代大学英语教材

进入20世纪80年代，教育部开始大规模组织大学英语教材编写。根据当时教学大纲的要求和大学生的实际英语水平，清华大学外语教研室编写了"零起点"理工科大学英语教材《英语教程（理工科用）》、复旦大学外文系编写了文科大学英语教材《英语（非英语专业用）》。这些教材的陆续出版缓解了大学课堂英语教材匮乏的情况，在一定程度上起到了过渡作用。这些教材常被称为第二代大学英语教材，它们基本沿袭了第一代教材"以语法为纲"的教学模式，强调句型操练，英语能力的培养侧重于阅读能力，有些教材还配备了练习册、教师用书和录音磁带等拓展资源。1985年《大学英语教学大纲（高等学校理工科本科用）》、1986年《大学英语教学大纲（高等学校文理科本科用）》先后颁布，"大学英语"开始替代"公共英语"这一名称。1987年，大学英语四级、六级考试开始向全国推广，这对我国大学英语教学的发展和改革产生了深远影响。

（三）第三代大学英语教材

在20世纪90年代，为了更好地适应我国现代化建设形势，满足改革开放对外交流的需要，大学英语教学朝着更加专业化的方向推进，我国第三代大学英语教材应运而生。其中，董亚芬等主编的《大学英语》、杨惠中等主编的《大学核心英语读写教程》、李相崇等主编的《新英语教程》、中国高等教育出版社和英国麦克米伦出版公司联合出版的《现代英语》等最具有代表性。

随着改革开放的深入，社会上的英语学习需求不断增加，众多英语经典原著和译著纷纷出版，以《新概念英语》（New Concept English）为代表的海外英语教材大量涌入。一方面，这些资源是学校英语教育的有益补充，极大地扩展了英语学习的广度和深度；另一方面，这些资源为我国大学英语教材的编写提供了参考，促进了大学英语教材的发展，并对大学英语教材的编写提出了挑战。

这一阶段大学英语教材建设的特点如下：①教材编写引领了当时的大学英语

教学改革，教材由"文理分开"向"文理打通"转变，英语教学逐渐脱离"以语法为纲"，开始强调以学生为主体，越来越注重教学互动和学生交际能力的培养。②教材结构由综合学习"一本通"向听、说、读、写、译等单项技能学习发展。③英语四级、六级考试实施以来，大学英语教材在级别划分、词汇选择、语篇难度把握和语法训练上与该考试结合得越来越紧密。

（四）第四代大学英语教材

随着我国进入高等教育扩招阶段，大学英语教材需求量激增，教材的编写政策也进一步完善，出版社陆续出版了一大批大学英语教材。

1999年，大学理工科和文理科大纲合并后的《大学英语教学大纲（修订本）（高等学校本科用）》颁布，面向21世纪的第四代大学英语教材陆续问世，郑树棠等主编的《新视野大学英语》、杨立民等主编的《现代大学英语》、邹为诚等主编的《综合英语教程（第二版）》等榜上有名。"十五"期间除了大学英语教材外，专门用途英语、商务英语、英语专业课程（如语音、语法、翻译、写作等）的教材编写和出版也受到了国家的重视。这些教材以培养高素质和复合型外语创新人才为目标，注重人文性，突出时代性，着力培养学生分析问题与解决问题的能力，提高学生的人文素养和科学素养。

这一阶段的大学英语教材建设体现出如下特点：①教材编写紧扣教育部新颁布的教学大纲和教学精神要求。②视听说材料和立体化、网络化资源成为教材的有力支撑。③教材的编写采用新的教学理念，越来越重视"以学生为中心"，从强调阅读向注重培养听、说、写等技能倾斜。④大学公共英语教材编写以大学英语四级、六级考试为导向的趋势更加明显。⑤英语专业课程及专门用途英语教材建设发展迅速。

（五）第五代大学英语教材

党的十八大以来，我国外语教育与学习步入信息化和个性化时代，英语教材建设也朝着符合国家政治性、思想性、时代性、科学性和育人性等教材方面的要求有序推进，一大批具有中国特色、适应时代要求的优秀教材陆续出版，大学英语教材建设取得了历史性新成就。

为了响应时代号召，在新形势下，教育部先后制定相关政策文件，为大学英语教材建设指引方向。2018年1月，教育部颁布了我国外语教育史上第一个覆盖外语类各专业的高等教育教学质量国家标准——《普通高等学校本科专业类教学质量国家标准（外国语言文学类）》。为贯彻该国家标准，教育部于2020年

4月和11月先后发布《普通高等学校本科外国语言文学类专业教学指南》《新文科建设宣言》，大学英语专业发展和教材建设进入全新阶段。

2013年，教育部启动《大学英语教学指南》的研制工作，经过多轮修订，教育部高等学校大学外语教学指导委员会（2018—2022）于2020年10月正式发布《大学英语教学指南（2020版）》，并由高等教育出版社出版。该指南指出，教材建设要自觉坚定文化自信，坚持中华文化的主体性，坚守中国文化的话语权。同时，该指南也强调，院校应选用国家级规划教材及其他优秀教材，积极推进大学英语新形态教材建设，重视教学参考资料的选择或编写。由此，"十二五"期间各大出版社紧锣密鼓地组织专家修订教材，积极投入第五代大学英语教材的编写和出版工作。

这一阶段的大学英语教材建设具有以下特点：①主题性+实用性。多种教学方法的融合促进多学科、多主题的融通，教材内容的选择和编排更加体现实用性，以培养学生的英语应用能力为重点。②立体化+多样化。纸质教材之外的多媒体、立体化拓展资源建设更能满足信息化时代学生的个性化学习需求，在建设多层次、多模态、开放式英语教材方面前进一大步。③科学性+规范性。这一阶段一系列教学指南和教学标准的制定、修订和颁布在很大程度上解决了大学英语教材建设暴露的问题。例如，教材级别划分不严谨，内容编写同质化严重，质量参差不齐，内容与未来人才需求脱节，教材评估体系不完善，在教材使用过程中教师受限于教材资源而失去主动性等。④从出版格局上看，外语教学与研究出版社、上海外语教育出版社和高等教育出版社三足鼎立，它们出版的教材在数量、质量和影响力方面远超其他出版社。

三、大学英语教学改革的发展

在我国高等教育改革不断深化的背景下，国内本科院校开始朝应用型方向转变，而应用型本科院校在人才培养方面注重对应用型复合人才的培养，这与《大学英语课程教学要求》中提出的要求基本相同，要求目标人才既要具备英语事务处理能力，又要具备英语沟通交流能力。除此之外，我国教育部还指出，要将"英语综合应用能力的培养"作为大学英语教育改革核心，注重培养学生的听说能力。

2002年，教育部高等教育司司长张尧学指出，我国高等院校的英语教学已无法满足科技发展和社会经济发展需求，未来的一流大学要致力于学生英语综合能力的提升，既要注重培养学生的读写能力，又要引导学生提高英语交流和听说能力。我国2010年发布的《国家中长期教育改革和发展规划纲要（2010—2020年）》

中指出了大学英语教学的重要性，要求高等院校提高教育教学质量，为学生提供优质的外语教育，培养学生的世界观，为迎接经济全球化时代的挑战和机遇做好准备。为了满足国家战略需求，培养国际化人才，作为肩负着培养英语人才任务的高等院校，对培养大学生的英语综合应用能力越来越重视。此外，南京大学王守仁教授在2016年编写的《大学英语教学指南》中指出，未来将以英语的实际应用作为大学英语课堂教学开展的根本，注重对学生英语应用能力的培养，并将其作为大学英语课堂教学的最终目标，让大学生在未来工作、社交、生活、学习等方面都能更好地运用英语。

我国高等教育外语教学随着国家的发展不断调整和改革，2020年发布的《大学英语教学指南（2020版）》指出了高等院校的课程设置、教学方法与手段、评价与测试等方面发展的重点，强调在大学英语教学中要满足大学生的个人成长需求、关注师生间应有的人际交往和情感交流，同时，在教学中使用信息技术与智能技术，处理好内部与外部、过程与结果评价之间的关系等，为提高大学英语教学质量，推动我国高等教育发展指出了新方向。

第二节　大学英语教学的理论依据

一、语言学理论

（一）二语习得理论

20世纪80年代美国著名语言学家克拉申基于语言习得机制理论提出了二语习得理论。二语习得理论主要包括五个假说，即习得—学习假说、监控假说、自然顺序假说、输入假说和情感过滤假说，其中最为核心和根本的是输入假说。这一理论的提出给英语词汇教学方法带来新的启示和灵感，受到了语言学界的重点关注。词汇学习是整个语言学习中基础且重要的步骤，其他语言技能提高的必要条件就是储备丰富的词汇，只有掌握丰富的词汇知识，学生才能提高听力、口语、阅读和写作等各项语言技能。

二语习得的完整习得模式，提出了完整的输入输出假设理论的各个阶段的详细过程，为教学者的课程开发与设计、课程的教学开展提供了各方面的指导。克拉申将其总结为以下几个基本步骤：输入—情感体验—语言习得—语言能力习得—输出。

二语习得理论强调语言的输入在整个语言习得体系和过程中的重要地位，习得不仅仅指学习。英语对于中国学生来说属于第二语言，英语的学习输入环节是整个语言学习的第一步，也是最为关键和重要的一步，并且语言的输入是建立在理解的基础上的，是非常重要的可理解性的语言输入过程。可理解性要依据学生的现有水平和可以接受的程度而言，不能过于简单或过于复杂，最好是控制在"i+1"的程度，"i"是指学生的现有水平，"+1"是指输入的新知识略难于现有的程度即可。

在语言输入过程中，有四个要点：第一，语言的输入需要学生能够真正接受，灌输无法理解和运用的知识是毫无意义的，输入的语言知识要符合学生现阶段的接受能力和理解能力。第二，语言知识的输入需要有趣味性和相关性。输入的语言符合学生的学习兴趣和学习需要，才能真正激发学生的学习热情和动机，符合克拉申的二语习得理论中的情感过滤假说。学生对于所学的内容的情感态度，例如，是否感兴趣，是否有信心，是否有持续不断的学习动力，都影响着最终语言学习的效果，都决定了学生是否能够长期内化记忆所学的知识并能够在语言输出的阶段形成及运用相应的语言技能。第三，丰富的输入量才能达到"i+1"的语言学习效果。大量地输入才能帮助学生完成语言学习的积累，为后面语言技能的形成和锻炼储备丰富的基础知识。这时不重视输入的方向性或难度，在这一时期只需要大量的语言知识储备。第四，语言输入及习得的过程不需要对学习的材料进行筛选或排序，在教授学习材料的过程中，要注意各种语言材料的相互配合，保证语言系统的完整。

克拉申还在教学实验中运用并检验了二语习得理论。

语言学家斯温纳（Swain）在克拉申提出的语言输入假设的基础上提出了相对应的语言输出假设，她指出语言学习中大量的语言输入储备是十分重要但不是唯一必要且起到决定作用的因素。语言输入当然需要得到语言学生的接受和理解，但是在语言输出阶段的理解更为重要，语言学生在语言内化和输出的环节更是不可避免地需要对学习材料进行理解和接受，这样的输出才是有意义的。因此，语言输出假设理论最为突出的是在语言输出环节的可理解性和接受性的重要影响。

斯温纳详细阐述了输出对于二语习得的重要作用，将这套理论运用于大量的语言教学实验进行验证，并得到了语言学界的一致好评与广泛关注，为传统的二语习得理论提供了新的思路和启示。由她的实验结果可以看出，学生在语言学习的最初阶段仍然是进行丰富的语言知识的储备，接受了大量的理解性输入作为基础，但仅仅如此并没有帮助学生提高听力、口语、阅读、写作等语言技能。因此得出结论，单纯地依靠大量输入是不够的，还必须引导和促进学生在语言输出和表达时训练，不断训练学生输出语言的准确性与流利性，在理解的基础上由学生根据内化的知识自觉主动地建构语言输出内容。

美国语言学家加斯（Gass）基于克拉申的输入假说和斯温纳的输出假设，于1988年提出二语习得理论包括五个阶段，这五个阶段分别是感知输入、理解性输入、摄入、整合和输出。二语习得理论十分突出及强调输入和输出两个阶段的重要地位，其次就是突出了注意与在理解的基础上的记忆过程。感知语言的重要一步就是对语言的习得与模仿，是内部已有的认知发挥作用的过程，一般发生在注意阶段。输入的阶段分为两部分，即被注意的语言和被理解的语言，其中被注意的语言属于感知阶段。对于新材料的理解和接受是学生最开始的认知感受，接着就是调动原有的认知对新材料进行分析与重构，当材料被学生理解与接受，并内化到自己的认知体系当中后，才算是真正掌握了新的学习材料。当然，仅仅掌握知识是不够的，最后一个语言输出阶段是检验学生学习效果的关键，能够检验出学生是否能做出正确的输出与反馈。

（二）中介语理论

中介语属于过渡语，在应用或分析中也可将其称为中继语。美国语言学家塞林克根据自身需求和研究结果在1969年首次提出了中介语假说的概念，并在其后发表的论文中对其进行了介绍和分析。塞林格表示，中介语不仅可以表示在某时期第二语言习得者创建的语言系统，而且可以代表互相联系且不断进步的第二语言习得者系统，主要从母语层面入手，不断靠近目的语，其结构介于目的语和母语之间。

中介语理论强调，所有第二语言习得过程中的知识规则均呈现出不断变化的发展趋势，学生会对相应的内部系统进行修正。从该理论内容可以了解，中介语对过程表现形式如心理过程等较为重视，并将其作为学习第二语言的关键。具体而言，主要将第二语言学习视为语言系统创建过程，学生在此过程中会有意识地、不断地将实际语言应用于各方面，通过这种方式来证实和检验第二语言假设。实际上，上述过程在包括个人对目的语知识了解的同时，还包括对世界、生活、语言交际能力和本族语等方面的认识。正因如此，人们在了解上述内容的基础上，借助自身的创造性思维加强对第二语言的了解和认识。

中介语理论强调，为了杜绝因母语产生干扰和影响而出现学生在英语中套入母语语法规则的现象，或因此出现和英语文化习惯不符或不规范的语言，教师在大学英语教学中应注意以下几点。

①对教材要重视，明确选择书面语和口语，同时选择独立的美式英语和英式英语教材，注意保证教材内容和实际相符。

②合理使用目的语的语法规则，不得过度，否则容易导致学生无法正确运用语言，或增加犯错概率，并且当学生在学习中出现错误时要正确对待。与此同时，教师在教学过程中不仅要考虑学生习得语言的流利性与准确性，而且在发现学生出现错误后也要及时指出，以便及时改进。

③采用正确的教学方法，对课堂语言输入进行优化，高质量的教学材料有利于减少语言输入带来的负面影响，因此在当前社会环境下，可以合理选择网络辅助教学。

④目的语的文化传授力度进一步减弱，同时将母语与之存在的文化障碍及时消除，引导学生形成英语思维习惯，从而降低出现跨语种错误的概率。

⑤发挥情感因素的价值，通过提高学生兴趣的方式将其面临的情感障碍消除。

二、建构主义理论

作为时下最为流行的教育理论之一，建构主义对现在的学校教育产生了深刻的影响。建构主义理论认为，知识的获取不是通过教师的单向传授完成的，而是学生基于自身的经验在与他人的互动中进行主动意义建构而完成的。其中，对于学生的意义建构而言，情境和协作扮演着重要角色，发挥着重大作用。在建构主义学习理论看来，学习总是发生在一定的情境之中，需要与一定的活动任务相联系，因而基于情境的交互学习可以最大限度地帮助学生调动认知结构中的有关经验去理解新知识。

该理论强调，要在使用中学习，并表示重新改组和建构认知结果的过程即学习结果，相互作用的新旧知识同化过程属于学习过程，因此知识结构性质对学习也会产生影响。教师应该把学生原有的知识经验作为新知识的生长点，引导学生在原有的知识经验的基础上增长新的知识经验。构建主义强调，在教学过程中教师要将学生作为主要考虑因素，即将其视为课堂核心，并表示在意义建构中情境发挥一定作用，因此可在协作学习中充分利用各种信息资源来支持学生的"学"，最终完成意义建构。

1966年，瑞士心理学家让·皮亚杰（Jean Piaget）对发展儿童认知进行研究后提出了建构主义理论概念，在国际心理学研究领域，其提出的发生认知论也具有显著影响。他指出，周围环境和儿童的相互作用逐渐丰富了儿童对外界的了解，即在一定程度上发展了儿童认知。不仅如此，该理论概念表示在教学实践中，学生为重要主体，因此要将学生作为教学的核心与重点，并强调语言学习的本质是学生理解构建和目标的过程。

建构主义理论首先强调以学生为中心，认为学生是学习的主体，是认知和信息加工的主体，是知识意义的主动建构者。知识不是学生通过教师的传授获得的，而是学生在一定的情境即社会背景下，借由外界的协助（如教师、同伴等），使用必要的学习材料，通过意义建构的方式获得的。建构主义教学理论非常强调学习环境在学习中的作用，认为情境、合作、会话和意义建构是学习环境的四大要素，建构主义强调学习情境的重要性，认为学习总是与一定的社会文化背景即"情境"相联系的。依据建构主义的课程观，课程与教学的改革应在丰富的情境中启动思维进行教学。在创设情境时，教师要通过各种方式如音频、视频、图片、实物、故事、游戏等为学生提供真实或尽可能真实的学习情境，激发学生的学习兴趣，唤醒学生的关系图式，推动学生主动学习，积极对所学知识进行意义建构。

在建构主义中，学生是主动构建知识意义和认知的主体人员，而并非被动接受的人员，即属于主动建构者，并非被动接受者。学习的本质是学生建构新知识、新经验的过程，在此期间不仅需要学生的参与，还需要教师的引导，只有这样才能得到真实完整的情境，建构新知识也能顺利完成。整体来看，学生之间、师生之间的合作交流对学生了解建构知识的意义具有一定的促进作用。

建构主义强调，从知识意义层面来看，学生并非被动接受者，而是主动建构者。由分析结果可知，建构主义理论创建的教学模式将学生作为中心，显然和大学英语教学改革的方向基本相同，因此可以为英语教学提供指导。

三、错误分析理论

（一）国内外错误分析理论研究

1. 国外错误分析理论研究

英国语言学家科德（Corder）在1967年第一次提出错误分析理论这个概念，他指出错误分析是理解和判断学生第二语言习得的心理过程和规则。根据学生在语言系统习得过程中所犯的错误，分析和探究错误的来源，揭示第二语言学生的语言系统，找到学生在学习过程中使用的学习策略。错误分析的心理基础是认知。

第二语言学生在目标语言输入的过程中不断地学习、积累、纠正和假设，以使中介语逐渐接近目标语言，建立正确的语言规则。

传统错误分析的目的是促进第二语言教学。分析的方法是收集错误的句子，并对错误的类型进行分类。我们从语法、句法和语篇中总结和分析错误。错误的高频出现是第二语言教学中最重要和最需要解决的问题，教师也把高频出现的错误作为教学重点。教师将高频出现的错误分列出来，将其作为教学和练习的重点。自 19 世纪 70 年代以来，人们改变了对学生在第二语言学习中所犯错误的看法。错误分析的目的不仅是使学生减少错误，而且是注意到错误的性质，对错误进行研究，并注意到犯错的心理过程。

国外对错误分析的实证研究起步较早，且涉及领域广。从错误的分类到原因，国外针对错误分析的研究发展较快，同时将错误分析应用于教学的研究也较全面系统，相对于国外，国内针对错误分析的研究发展较慢，在教学领域的应用也有一定的空白。

2. 国内错误分析理论研究

国内对错误分析的研究起步相对于国外较晚，并且初期研究以单纯的理论研究为主，并没有将错误分析理论与教学实践结合起来，在实际教学过程中没有得到应有的重视。国内对于错误分析的理论研究和实证研究起步于应用语言学家桂诗春的《心理语言学》[1]。桂诗春指出错误分析可以有效解决教师和学生的二语习得问题。而后在 1990 年，王初明教授提出错误分析有利于学生主动建构自己的语言学习。由此，针对错误分析的研究越来越多。

随着教学实践的不断应用，教学过程中教师教学水平的不断提高，我国学者也对错误分析理论进行了大量研究。蔡龙权、戴炜栋对错误进行了分类整合，他们提出研究第二语言学生的目标语使用错误有助于向研究者提供第二语言或目标语是怎样学得的，向教师提供学生已经学到的目标语的语言知识，向学生提供掌握目标语的规则和方法[2]。针对错误分析的原因，戴炜栋、束定芳概述了错误分析的理论基础并对学生的错误来源进行了系统分析[3]。与此同时，陈万霞通过分析某外国语学院的英语专业学生的作文，发现其错误主要来自三个方面：搭配本身的难度、语言迁移、同义词混淆[4]。何华清、陈文存通过搜索语料库的方法

---

[1] 桂诗春.心理语言学[M].上海：上海外语教育出版社，1985.
[2] 蔡龙权，戴炜栋.错误分类的整合[J].外语界，2001（4）：52-57.
[3] 戴炜栋，束定芳.对比分析、错误分析和中介语研究中的若干问题：外语教学理论研究之二[J].外国语（上海外国语大学学报），1994（5）：1-7.
[4] 陈万霞.英语学生作文中的搭配错误分析[J].解放军外国语学院学报，2002（1）：60-62.

对非英语专业学生的作文词汇进行错误分析，分析归纳出了学生在英语学习中的词汇错误原因及类型。例如，拼写错误主要由于英汉差异大，英语词汇本身的复杂性以及学生本身的错误；词类错误主要来自语际迁移和语内迁移；省略性错误来自语际迁移；冗余型错误则属于语内错误[1]。陈绮绮以"广东咨询会"为例，收集会上口译员的译文，统一分析其错误的影响，同时发现其错误主要由母语干扰、译员个人的心理和生理因素及其文化背景等引起，在分析错误来源时，会针对不同类型的错误分析其各自的错误原因[2]。国内对错误类型的代表性研究是蔡龙权、戴炜栋发表的《错误分类的整合》，其中两位学者在国外的错误分类研究的基础上，将错误划分为认知型错误、语言型错误和行为型错误。

在错误类型和错误原因等理论研究的基础上，国内对错误分析的实证研究应用于英语教学的各个领域。通过试题问卷来分析学生的典型错误得出的结论的信度较低，而收集数量庞大的试卷进行错误分析则需要语料库的帮助来提高研究结果的信度，通过收集大量学生的作文，自建语料库有针对性地分析学生英语学习中的错误及其原因，保证研究效度及信度，旨在为大学英语教学提供一定的思路和方法。

（二）错误分析理论的内涵

1.错误的概念及分类

错误，指与客观实际不相符合。错误就是违反了已经制定好的规则的内容，因此错误往往偏离规则。错误对学生所习得的任何技能或知识都会产生重要的影响，科德在分析错误的过程中提出了错误和错误的定义。他认为错误的出现是因为学生还没有掌握所学语言的相关知识体系，违反了语言规则，学生没有充分掌握和内化语言规则，所以学生在学习和使用所学语言时产生了偏差。

根据目标语言，科德指出出现错误是由于学生缺乏对目标语言的了解，这些错误说明了语言学生在语言应用和转化能力上的一些问题，这些错误也是系统的。学生之所以会犯错，是因为他们不具备转换目标语言的技能或知识，在语言使用过程中出现了错误，这表明学生由于记忆、身体和心理条件等因素而未能正确使用和掌握语言系统。虽然不同的语言学家对错误的定义有所不同，但在这些语言学家提出的不同定义中也有相同的部分，他们只是依照不同的标准或类别对错误

---

[1] 何华清，陈文存.大学英语写作中的词汇错误分析[J].西南农业大学学报（社会科学版），2008（1）：140-143.
[2] 陈绮绮.错误分析理论视角下的口译分析：以"广东咨询会"为例[J].教育观察，2016，5（2）：135-137.

进行分类。而不同的研究者因为对错误的认知的出发点不同，所以对错误也进行了不同的归类。

科德将错误分为语言能力错误和语言使用错误，语言能力错误中再分语内错误和语际错误。语言能力错误是指对语言能力或语言技能的缺乏，原因是学生还没有系统地掌握目标语言的语法。这种错误是系统的错误，如语法错误和语言句法错误等。当学生使用语言时，语言能力错误会反复出现，这客观地反映了学生的外语水平。语言使用错误是指学生在口语和写作中不小心犯的错误，如语句中断、过失错误等，学生偶尔会犯这种错误，语言使用错误不属于语法、句法错误。

科德认为学生在使用中所犯的错误可以分为显性错误和隐性错误。可以根据目标语言的规则衡量的错误，以目标语言的形式来判断的错误，是显性错误。而隐性错误，从目标语言的形式上来看是正确的，但没有结合目标语言的上下文来判断。隐性错误是语言使用上的错误，教师或语言学家很难判断错误的产生是由于目标语言知识不足，还是缺乏目标语言练习。

1974年，科德增加了三种简化的错误类型：前系统错误、系统错误和后系统错误。前系统错误是指学生在掌握目标语言之前，在表达自己的观点或使用自己的语言知识时所犯的错误。系统错误是指学生虽然通过内化形成了自己的目标语言系统，但不能准确或完全理解目标语言的语言系统错误。这种错误是由于错误预想目标语言学习规则，导致错误使用目标语言规则。后系统错误是指学生已经掌握了目标语言的综合系统规则，但是由于疏于学习目标语言的规则，没有形成语言习惯或暂时忘记目标语言的某一些规则而造成的错误。这种错误分类反映了学生学习目标语言的过程。

国外其他研究学者，如塞林格按照错误产生的原因把错误划分为五类：语言迁移错误、目标语规则过渡概括错误、语言学习策略错误、教学迁移错误和交际性策略错误。

2. 错误分析理论的概念

学习第二语言的过程是学生形成并建立语言系统规则的过程。第二语言学生在目标语言输入的过程中不断地进行观察、纠正和假设，以使中介语逐渐接近目标语言，建立正确的语言规则。我们从语法、句法和语篇几个方面总结和分析错误。出现频率特别高的错误是第二语言教学的重点和难点。教师可把出错频率较高的知识点作为重点和难点进行教学，并提高针对训练的频率与频次。自19世纪70

年代以来，人们逐渐改变了他们对学生在第二语言学习中所犯错误的看法，开始分析错误的目的，不仅使学生减少了错误，而且注意到错误的本质。同时，导致错误产生的心理过程也得到了应有的重视，其中一个原因是大量对母语习得的相关研究发展迅速。研究表明，儿童对母语的习得并不是对语言行为的简单模仿，而是一种具有创造性和系统性的语言行为。儿童在母语习得方面也会有失误或者犯错误。这些错误揭示了儿童目标语言系统的现状。通过对儿童语言错误的分析，我们可以展开研究和对错误产生的原因进行归类，并提出避免儿童在学习语言的过程中犯错的策略，同样这类研究也适用于第二语言习得的研究。

科德认为，对于学生在语言学习过程中出现的错误的研究是十分有必要的。这种研究可以指明学习过程中出现问题的原因，帮助教学者制订相应的计划。他也划分了"能力"与"表现"中出现错误的区别，"表现"中出现的错误极有可能是偶然情况下的错误，可能受到外界其他因素的干扰而导致发挥不稳定。这不能真正代表学生的语言能力。他还指出，错误的分类包括"显著"与"不显著"错误。不显著错误是学生学习过程中无意识或现阶段不受控制出现的错误，不能代表学生的能力或态度。

错误分析理论能够针对语言学生对语言的习得与内化情况，预测错误产生的情况并合理解释和分析错误产生的原因。母语负迁移的影响确实容易造成学生在接触和学习新的语言时产生思维定式从而出现错误，但是这种类型的错误也只是语言错误中的一部分，还有许多错误是由语言规则掌握不准确、使用不规范造成的。错误分析理论能够帮助教学者分析学生学习过程中出现错误的原因，提高教学效率，并对教学设计和开发提供新的启发，同时也帮助学生克服母语负迁移的影响。

3. 错误分析理论的研究内容

错误分析理论的主要研究内容就是学生在第二语言系统习得过程中所犯的错误，通过分析和探究错误的来源，揭示第二语言学生的语际系统，找到学生在学习过程中应该采取的学习策略。它相当于一种分析第二语言数据的程序，它的研究数据源自学生所犯的错误，并试图通过对错误的总结、分类、分析、反馈，最终帮助教学者和学生来避免同类错误的再次出现。错误分析理论对英语教师的教学有很大帮助，教师可以从学生的错误中了解学生的学习效果，及时调整教学方法及策略，得到教学反馈等。从反馈回来的错误中，教师可以很容易地了解教学大纲的哪个部分、哪个教学内容需要进行调整。

4. 错误分析的过程

通过对错误分析理论的研究，错误分析基本分为五个步骤：样本收集、识别错误、描述错误、分析错误的原因并进行解释和评估并改正错误。

（1）样本收集

错误分析的第一步是确定语言学生的错误收集和分析水平，因为在学习语言的过程中会受各种因素的影响。收集到的样本可分为两种：直接样本和间接诱导样本。直接样本是最真实的，可以及时地了解学生的实际语言学习情况，但这种样本往往不能满足研究者的研究目的。为了更加方便研究，研究者经常使用间接诱导样本。间接诱导样本的优势是样本可控、类别定向。所以间接诱导样本更加方便研究，有利于研究者达到研究目的。不同的样本收集方法会产生不同的样本结果，这会影响错误分析的真实性，因为学生的学习是一个持久的过程，它是系统的和周期性的。所以样本采集也可以分为垂直抽样和水平抽样。垂直抽样可以长期收集学生的错误，它是系统的、深入的。水平抽样可以收集学生在语言学习的某个阶段的错误，水平抽样是定向的、广泛的。但是因为只考虑广泛度，样本容量可能足够大，但是样本不能反映错误的周期性。

（2）识别错误

为了识别错误，我们必须明确目标语言的规则标准。识别错误通常分为对书面错误的识别和对口头错误的识别。书面错误识别主要显示写作内容是否与学习语言的语法一致，如词法和句法等。除了语法外，还有语用规则的识别，如词汇、发音、时态、表达方式等。即使研究者掌握了目标语言完备的系统规则和拥有良好的语感，但是他们也不能及时地判断所有的错误，因为错误作为一种语言现象是抽象的。

（3）描述错误

研究者根据第二语言学生基于跨语言表达的意义，对目标语言的句子进行重构和对比。描述错误要求研究者关注语言结构的表面，研究者不需要探究句子或短语中的词根。

（4）分析错误的原因并进行解释

解释错误对研究者的语言知识储备要求十分高，错误分析的最终目的是分析学生如何学习，从而改进第二语言教学，改变研究方法。但是现在，研究者在错误分析方面也不是很熟练，还需要提高分析错误的能力。

（5）评估并改正错误

评估错误主要是从受众或读者的角度对错误的影响程度进行评价。评估错误与评估方式和评估错误的人有关，专业人员和非专业人员对错误的评估不同，专业人士对语言规则更敏感，他们从专业的角度评估他们所遇到的错误，并拥有严格的态度，专注于错误理论研究。

人们对书面写作错误的容忍程度要低于口语错误，因为口语是人们通过说话来表达他们想要表达的意思，不是很在意他们说话时的语言结构规则。但书面语言强调语言结构的规则，很多细节都会影响信息接收者从语素到语篇的会意。目前，错误评价主要应用于教学领域，错误评价在我国英语教学中具有重要意义。

5.错误分析的意义

在日常的语言教学中，错误的出现可以揭示第二语言学生的问题所在或教师教授方法的问题。科德认为错误的出现是第二语言学习中的一种正常现象。错误分析有以下三个层面的意义。

①通过错误分析，研究者可以了解第二语言学生所处的学习阶段和水平，从而促进教师的教学。

②通过错误分析，研究者可以了解第二语言学生学习目标语言的学习过程及其学习策略和步骤，这有助于第二语言学习的研究。

③通过错误分析，研究者可以发现，第二语言学生会不可避免地犯错误。犯错误的过程是指对所学习的目标语言进行假设的过程。重复这样的过程可以使学习过程中的中介语最大限度地接近目标语言。

错误分析对外语教学有重要意义，能促进学生进步，督促教师反思，改进教学过程。错误分析有助于探究中国学生在外语习得中探索目标语言的规则的心理。通过探究，可以改进和丰富第二语言教学理论及方法，同时也有助于我国外语教学的开展和改进。通过分析错误找到原因，可以发现教学中的盲点和学生的不足之处，对于有效的教学有很大帮助。这些对于第二语言的教育教学都是有极大意义的。

第三节 大学英语教学的基本原则

一、以学生为中心原则

英语教学的首要原则就是坚持以学生为中心。教师在教学过程中要尊重学生的主体地位，尊重学生学习英语的自然规律，不可让自己成为教学的主角。也就是说，教师要将自己的"教"置于学生的"学"之上，所有活动都要围绕学生的学习展开。

保证教学活动顺利开展的一个重要依据就是制订科学的教学方案。教师要坚持以学生为中心，必须根据学生的语言接受水平和语言运用能力确定合理的教学目标、教学任务、教学计划、评定方法等。如果教学方案可行，则能够提高学生的语言水平。

选择合适的教学方法也是坚持以学生为中心不可忽视的问题。通常，针对不同的教学内容，教师应该选择不同的教学方法。例如，直观的教学方法利于学生直接感受和理解语言，通过视、听、说加深印象，强化记忆，激发学生参与的兴趣。形象化教学手段与学生的直觉思维特征相符合，利用幻灯、投影、模型等媒体，可以激发学生的学习兴趣和好奇心。

二、交际性原则

在英语教学过程中，教师应时刻注意交际性。也就是说，教师在英语教学中应注意遵循交际性原则，要做到如下几点。

①将英语作为一种交际工具来教。英语语言是人们进行交际的重要语言。所以，英语教学应该以学生学会使用这种交际工具为目标。英语教师要将英语当作交际工具来教，学生也要将其作为一种交际工具来学，师生还要将其作为交际工具来用。英语教学活动要与交际活动联系起来，使课堂教学实现交际化。在英语教学和学习中，师生不可单纯地教或学英语知识，而应通过一定的操练，提高学生的交际能力。教师应利用各种教具，为学生创设合适的情境，协助学生进行一些较为真实的练习。

②灵活创设语言情境。在英语教学过程中，教师可以通过组织学生操练英语来培养其交际能力。也就是说，教师要利用各种教具为学生创设真实或模拟的交际情境，让学生在这种情境中掌握英语，从而学以致用。通常，情境要素涉及时间、参与者、地点、话题、交际方式等。情境中的这些要素会对学生的交际产生或多或少的影响，如时间、地点、身份等会对学生说话的语气、内容等产生影响，而且，同一句话放在不同的情境中会传达不同的意义，发挥不同的功能。因此，教师在英语教学中要将教学内容置于具有特殊意义的情境中，从而培养学生的交际能力。

三、文化性原则

文化性原则是英语教学要遵循的原则之一。培养学生的英语交际能力是我国英语教学的重要目标，而要达到成功的交际，既离不开扎实的语言功底，又需要储备一定的文化背景知识。具体而言，在英语教学中，教师可以通过如下方式导入文化知识：①注意捕捉教材中的文化信息；②运用真实的情境教授文化知识；③认真分析中西方文化的差异；④充分利用多媒体与网络进行教学。

四、生态性原则

大学英语教学不仅是一个有机整体，也是一个完整的生态系统，是由独特的生态主体和生态环境共同构成的整体。

（一）生态主体

生态主体主要包括学生和教师。第一，人作为独立个体，具有多样性、差异性等特点。每一个学生都有自己独特的个性和学习方法等，每一位教师也有不同的教学理念和教学设计等，彼此相互依存且相互束缚。第二，自然界中同种生物个体只有共同组成生物群体才能在自然界中更好地生存下去，同理，在大学英语教学中也存在着学生群体和教师群体。群体内部或群体之间有竞争、有合作，有依赖、有制约，关系较复杂，师生和谐共生，协同发展。第三，生态学意义上的群落是处于同一时空内的多个群体的集合。在大学英语教学生态系统中，学生群体和教师群体共同组成一个群落，涵盖师生之间各种教与学的动态关系。因此，两个群体只有以互补共存、融洽协调的关系存在，才能生成优良的大学英语教学群落，促进大学英语教学生态系统的可持续发展。

根据教育生态学的观点，在大学英语教学生态系统中，教师和学生都有最适合自己发展的生态位，并在各自的位置对自己和彼此产生影响，共同维护系统的平衡与稳定。因此，作为主要生态因子的教师和学生必须寻找到自己合适的生态位，发挥各自应有的功能和作用，合作共生，共同促进整个系统的良性发展。

1. 重视教师发展

在大学英语教学生态系统中，教师是影响学生英语学习的限制因子。由于教师自身的素质决定着其在教师群体中的生态位如何，同时教师所表现的一言一行都会对学生产生影响，在与学生群体组成的教学系统群落中，也会因自身所处的生态位影响学生在该系统中的生态位，因此教师自身专业条件的优劣和对待学生的方式等都会对学生学习知识和身心发展产生非常关键的影响。教师的素质越高，学生的素质相应越高，教师的教学方法等越适合学生，那么学生对于英语知识的掌握能力就越好，教学发展也就越和谐。同时高校的师资队伍是决定学校教学、科研和学术水平发展的关键，是促进教学可持续发展的中坚力量，可见英语教师群体是承载英语教学活动的重要载体。我们必须关注如何促进英语教师个体和教师群体发展的问题，努力探索英语教师发展的途径，如此能保证教师个体在教师群体中处于合适的生态位，教师群体在教学系统中也处于合适的生态位，促进大学英语教学生态系统和谐稳定的发展。

教师应端正教学态度，对于教学不应几年甚至几十年如一日，采用固定的教学模式或方法等对学生进行授课，所有教师都应做到时常反思自己的教学方式，利用课余时间阅读英语教育类的学术期刊，做到取长补短，保持谦逊的学习态度，不能因为自己有了一定的教学经验就"吃老本"，认为自己的教学方式是正确的。学校方面应加强对教师的管理，端正教师的教学态度，规范教师的教学行为等。如定期组织教师开展集体备课、教学检查、教案检查等工作，确保教师在进行自我充实的基础上与同事之间交流意见，做到进一步完善教学模式，满足学生和社会的要求。

在专业发展方面，教师之间应该主动沟通交流、开展教师间的合作研究、参与听课和评课等，并由非常态化转变为常态化，通过高频率的相互学习、取长补短、共同成长的方式进行学习，不断完善自己的教学策略、教学方法等，不断更新自身的知识结构，做到教学不息进步不止，通过合作学习进一步丰富自己的专业知识、熟悉教育教学规律、学习使用现代技术化手段等提高自己的教学水平。不同的学校有不同的生态环境，不同的教师也有不同的风格、个性、知识结构等，通过学校之间和教师之间的专业交流，有利于教师开拓思维，拓展信息来源，增长专业知识，从而促进教师进步。学校应顺应时代潮流，为在校教师提供更多进修的机会，从教师的受教系统、继续学习保障等多方面促进教师的专业发展。

在教学方法方面，教师是连接学习主体（学生）和教学内容之间的桥梁。由于大学英语教学系统具有动态性和开放性的特点，各因子之间互相影响，这就决定了各生态因子的生态位不是一成不变的，而是不断调整和优化的。教师在这种动态系统中要想维持动态平衡，需要具有观察、分析和对教学内容整合的能力，丰富教学活动的组织形式，如增加学生个人展示、角色扮演、小组活动等环节，配合教材、多媒体等带动学生尽可能多地参与任务型教学活动，拒绝"一刀切"式的教学方法，突出学生主体，为学生提供更多的表现机会，增加学生之间的交流，引导并培养学生的自主学习能力，促进学生个性化发展。

2. 促进学生的发展

学生作为教学实践中的学习主体，其精神面貌、对待学习的动机和情感态度以及本人学习策略和自主学习能力都决定着个人学习效果的好坏。在大学英语教学生态系统中，学生由于具有个体差异性，造成他们在学生群体中有不同的生态位。学生群体在教学系统中处于中心的位置，学生个体能否健康发展、个体之间的关系是否协调都对大学英语教学生态系统的动态平衡起到关键性作用。

在学习态度方面，学习动机作为学生个体内部给学生发送完成学习任务指令的内在动力，对于激发学生的求知欲、好奇心、积极性等起到关键作用。只有在良性学习动机的积极作用下，学生才会有学习自发性和主动性，进而促进对所学知识的消化吸收并学以致用。同时，学生学习的过程才能变为主动探究、享受知识、持续发展的过程。

作为学习主体的学生应端正自己的学习态度，明确学习英语并不是为了应付考试或找工作，而是通过英语学习，扩充自己的知识容量，有效掌握英语知识及学习英语的技能，为在需要将英语作为沟通交流工具的情况下做充分准备。作为学生，学习英语不仅仅依靠英语课堂上教师教授的课本知识，更要经常在课堂以外主动学习相关知识，在学习英语的过程中激发学习其他相关内容的兴趣，如英语母语国家的发展史、英式英语与美式英语的差异、英文俚语等，并有意识地对英语学习进度和效果进行监控，以帮助自己巩固在课堂上所学的知识，这样既学习了英语知识又拓宽了自己的知识面，真正做到有效学习并享受学习。

在学习方法方面，为了缩小与教师所讲内容的信息差，学生应在课前进行预习，以提高课堂的互动效率，针对上课内容提前做词汇、语法、背景等方面的准备，尽可能多地提前了解教学内容相关知识，以免在课堂中跟不上教师的教学进度，避免在教学过程中处于完全被动的状态。在课后，学生应主动将所学内容进行归纳整理，根据不同类型的新旧知识按照便于自己理解的方式重新排列组合，帮助自己将所学内容内化吸收。在学习新知识的同时，学生要将新知识与已经掌握的旧知识联系起来辅助自己对所学新内容的理解。学生可以尝试用所学新词汇进行造句练习，不要单纯地记忆单词的发音和词义，而是在此基础上对词汇的用法和使用语境进行统一的学习，加深自己对单词的整体理解。学生在学习英语的过程中，要学会制订计划，如计划好自己每天或者每个阶段学习英语的时间，并严格按照自己的时间计划表执行以保证自己在英语学习上付出的时间和精力，日积月累，投入的时间和精力越多，对英语知识的掌握就越牢固，对自我规划的能力就越高。但是只一味地学习是不够的，若想有效学习，在吸收新知识的同时也要针对自己的学习进行阶段性的反思，总结优缺点，不断优化自己的学习策略和方法，达到事半功倍的效果。如可以尝试新的单词记忆法、使用受到好评的教辅资料等，扬长避短，良性循环，成为主动、高效的英语学生。

3. 调整师生关系

教师和学生作为大学英语教学生态系统中的生态主体，只有协调好彼此之间的关系共同良性发展，才能保证该系统的可持续发展。教育生态强调以学生为中心，其他生态因子都要为学生发展提供服务，因此各生态因子为了配合学生的发展不断做出调整，由各生态因子组成的大学英语教学生态系统也相应发生变化。

教师和学生首先要做的就是调整自己的角色定位，教师要结合学生的实际需求对教学目标、教学方法、教学活动组织形式等做出相应的改变，处理好教与学的关系，除了扮演知识的传授者、学生学习的促进者、课堂的组织参与者，更要成为计划的制订者、学生的帮助者和合作者。教师和学生在英语教学过程中要一起完成探索新知识的工作，积极高效地提升彼此在教学过程中的参与感。学生在进行英语学习时要将新旧知识建立联系，不断构建自己的知识体系，在这个过程中难免遇到困难，教师需要及时帮助学生调整心态并给予指导帮助，调动学生的兴趣并培养学生自主学习的能力，使学生通过教师的指导不断提高自己对英语知识掌握和应用的能力。教师和学生在英语教学中不断调整、磨合，找到彼此适合的生态位，正确认识自己的角色定位并积极发挥自己的作用，保证彼此的群体在系统中处于最佳生态位，共同维护系统的动态平衡。

在师生互动方面，教师应改变个人情感倾向和角色定位以促进师生和谐有效的交流。在教学过程中对成绩不拔尖的、性格比较内敛的学生多一些关注，给他们提供同等表达和表现的机会，对于正确的回答和积极的表现给予适当的鼓励，对于错误的回答和表现不当的地方给予及时纠正，使更多学生积极参与课堂提问与互动，提高所有学生在课堂上有效听讲的时长，激发他们对英语的学习兴趣，最终达到提高学生英语水平的目的。仅靠个人难以提升学习效果，良好的生生互动和师生互动是调动学生高效学习英语的良好途径。教师在课堂上要积极参与教师的提问，主动表达自己的观点和想法，在接受教师给予的知识输入时调动一切积极情绪进行高效学习；主动与同学探讨英语学习方法，与他人协同完成学习任务，在与同学进行合作学习时接受不同的思考方法，发现新的观点，享受合作的快乐。通过建立学习互助小组，帮助学生了解自己与他人之间的差距，取长补短，这样既可以激发学生的学习动力，又能够起到组内成员之间、组与组之间相互监督的作用，进一步推动学生英语学习的发展。

通过积极进行生生交流和师生交流，使学生从知识的被动接受者转变为主动的学生、合作者和参与者，响应以学生为中心的教学理念，形成教师关心学生、学生尊重教师、师生共同成长的和谐关系。

（二）生态环境

任何大学英语教与学的活动都是在一定的环境中进行的，生态主体的发展受其影响，因此生态环境是大学英语教学生态系统中除了生态主体以外的另一重要组成部分。教学生态环境作为大学英语教学生态系统中联系生态主体的中介，涉及人文环境、物质环境和制度环境。其中人文环境包括师生关系和外部支持等；物质环境包括学习场所、工具材料等；制度环境包括课程体系、教学内容、教学方法和教学评价等。

五、持续性原则

基础教学阶段结束之后，学生还要接受更高级别的英语教学，继续进行英语学习。因此，教师要遵循持续性原则，为大学生的英语学习打好基础。教师要遵循持续性原则，就要做到如下几点。

①做好英语知识的前后正迁移。因为学习任何知识都不可避免遗忘，所以，教师要在教学过程中注重帮助学生巩固所学的知识。通常机械式地巩固语言知识不会收到很好的效果，所以，教师应该鼓励学生在实践中巩固知识，也就是在发展中巩固所学的知识。在英语教学中，教师要尽可能发挥正迁移的作用，以便使学生更好地掌握知识并发展实践能力。

②端正学生学习英语的态度。教师在日常教学中应有意识地培养学生积极的学习态度，让他们感受英语学习的乐趣，锻炼学生敢于使用英语进行交际的能力。此外，教师要帮助学生树立自信心。

持续性原则的提出有助于学生语言能力的不断发展，需要教师和学生的不断努力。从教师角度说，教师应该做好知识的迁移，提高学生对知识的应用能力。从学生角度说，学生应该培养英语学习的正确态度，在思辨性思维的作用下提升自主学习英语的能力和应用能力，提高自身的文化素养，最终达到使用英语进行交际的目的。

第四节 应用语言学与大学英语教学的关系

一、应用语言学对大学英语教学的作用

当前，应用语言学已经成为语言学的一个重要组成部分。应用语言学运用语言学的理论知识来解决具体的实际问题。学习语言的最终目标是运用语言维持人际关系，提高自身的交际能力，但语言知识掌握得如何并不是交际能力水平高低的决定性评判依据，交际能力水平的高低更依赖于人们对语言技巧使用的熟练度。换言之，语言知识是语言学的基础，技巧是语言学的媒介，而学习语言的最终目标是提高自身的交际能力。所以，学生在掌握一定语言学知识的同时还应当经常运用语言，进行听、说、读、写等方面的技能训练。应用语言学在英语教学中的有效应用，能够在很大程度上调动学生学习英语的积极性及主动性，提升他们的自主学习能力，最终助推大学英语教学的顺利开展。

（一）明晰英语教学方法

不管是何种教育层次，学生始终是课堂教学的主体，大学英语教学也不例外。在大学英语教学中，如果能从学生的视角出发来明确相应的英语教学方式，那么在实际的教学过程中就能起到事半功倍的作用。英语教学中的语言学应用方法比较独特，就是确定口语和书面语两者之间的比例。从我国目前的英语教学内容来看，英语教学主要分基础和加强两部分，基础是指听说读写，加强是指英语翻译。其中听说读写之间为协调关系，但同时又有自身的特色和难点，需要采用不同的教学手段和教学方式来实施教学。在进行英语课程设置时，一定要明确教学的最终目的和根本任务，再按照一定比例安排课时。例如，由于实时翻译和文学翻译在培养目标方面存在一定的差异，因而二者在课时设置的要求上也应该有所不同。

所有英语学生均渴望具有较高的英语交流能力及语法应用能力。应用语言学的重要原则之一就是以学生的具体目标为基础，制订切实可行的教学方案。如果学生对基础性知识了解得不多，就应当强化其口语的教育力度，使学生积极主动地开口练习英语。

除此之外，提升应用语言学的教学效果还可以通过广播、杂志等媒介形式，激发学生的语言学习兴趣，鼓励学生主动参加英语实践活动，活跃英语学习氛围，

进一步提高学生英语口语表达能力和技巧应用能力。换言之，大学在英语教学方面应该从学生的角度出发，明晰教学方式，继而增强大学英语教学的灵活性。

（二）找到英语教学内容的短板

通过比对西方国家和我国的应用语言学教育，我们可以发现我国大学英语在应用语言学的运用方面存在两个方面的问题。

①我国大学英语教学过度强调语法的运用方式，忽视了语言在情感方面的表达。教师在进行英语授课时，过于注重学生运用语法和整理语句的能力，忽视了对学生英语情感表现力的教育。英语教师在对课文进行分析和讲解时，对语法使用和句子结构组成进行的分析几乎占用了大部分的授课时间，这在很大程度上减弱了教学效果，使学生忽略了英语运用的实际环境，只注重语法使用的正确性以及意思表达的完整性。

②教师在英语授课或者学生练习的过程中如果发现有问题，通常会立刻指出或者纠正，并不会对学生存在的错误进行深入的观察和解析。而事实上，教师应当针对学生出现错误的地方进行分析和总结，了解学生在学习方法和知识层面上存在的不足，有针对性地指导和帮助学生，使学生从根本上避免错误的再次产生，帮助学生选择恰当的学习方法。

例如，为了达到强化英语课堂学习的效果，首先指导学生针对英语教学内容中的某个学习过程进行方案规划，教师按照教学内容对学生的方案规划布置相应的学习任务，通过对学习任务和教学目标的确认，对学生进行全面的指导和教育，确保英语教学质量以及应用语言学在英语教学中的运用效果。

二、应用语言学在大学英语教学中的应用

（一）以应用语言学理论指导大学英语教学改革

尽管当前我国大学英语教学在理论方面已经有所改进，但从整体的角度来看，理论水平相关研究工作尚未完备。这是开展教学改革的不利因素，对此我们应该有足够的认识。任何一种改革运动，都必须有一定的理论做指导，这是一条已被无数事实证明的真理，大学英语教学改革当然也不例外。

为了能够有效提升应用语言学在我国大学英语教学中的应用水平，必须在大学英语教学改革的过程中，进一步提高对应用语言学的重视程度。大学英语教学改革绝不是少数人的事，必须有广大教师的积极参与，唯有如此改革才能成功。

从现在的情况来看，大多数教师都具有一定的教学经验，英语教师在研究应

用语言学理论时，需要掌握更多的语言心理学、教育学和心理学方面的知识和技巧；同时还要将应用语言学理论同实际的英语课堂教学结合起来，根据学生的英语掌握水平来制订出更为合适的英语教学方案，帮助学生掌握英语的学习规律。英语教师在提升应用语言教学能力的同时，还需要增加应用英语专业理论方面的知识储备。无论是理论能力还是实践教学经验都很重要，都是提升英语教学水平的关键。只有将二者有效结合起来，才能够更好地总结英语实践教学过程中发现的各种问题，满足学生的不同英语学习需求。

除此之外，大学在英语教学改革的过程中，应该大力开展应用语言学及相关学科的理论学习，如普通语言学、心理语言学、社会语言学、教育心理学等。在理论学习的基础上，总结教学经验，提出比较科学的、符合外语教学规律的改革方案，用理论指导教学改革。当然，也应该认识到理论也有正确和错误之分，这就要求我们在实践的过程中对正确的理论进行验证，对错误的理论进行修正。通过这种方法，应用语言学的相关理论便能够与我国大学英语教学的实践有机结合，得到持续的发展。

（二）以应用语言学理论培养学生听、说、读、写、译能力

传统的英语学习方法将英语分为听、说、读、写、译等多个方面，注重单一方面能力的培养。众所周知，听为语言学习的第一步，也是非常重要的一步，即充分有效地输入。英语作为一种交际工具，无论是生活还是工作中，语言的这几个方面都不会孤立地存在，也就是说，要实现交流的目的，首先我们需要通过听觉获取有效的信息，再经过大脑将这些信息处理，最后进行必要的输出，这样才能和对方进行有效的交流和沟通。因此，大学英语听力课堂是一个让学生充分地感受标准的英语语音、语调及语境的语言输入过程，同时也是一个培养学生口语表达能力的语言输出过程。

要将听和说的部分融入大学英语精读的课堂上，从而把传统的精读课堂转变为培养听、说、读、写、译等多方面能力的综合英语课堂，旨在提高学生的英语综合运用能力。

（三）以应用语言学理论完善大学英语教学系统

英语的学习及应用是一个渐进过程。为此，英语教师对学生英语应用能力的培养也应该是一个循序渐进的过程。从应用语言学在英语教学中的应用效果来看，英语教师需要在今后的英语教学当中，采取循序渐进、因材施教的教学原则，逐渐完善整套英语教学系统。随着全球经济一体化进程的加快，英语的全球普及将会是大势所趋，因此对学生英语能力的培养需要从小抓起，使学生具有扎实的英语学习基础，更重要的是在日常的学习和生活中，要有意识地去培养学生的英语应用能力，为学生创造更为舒适、和谐的英语学习环境。要强化学校各级教育阶段的双语教学意识，聘请水平较高的专职外教人员对学生进行专业性指导，使学生增强与英语母语者的沟通及交流能力。

总而言之，应用语言学和大学英语教学之间存在着紧密的联系。在大学英语教学过程中，应该将应用语言学的研究及应用视为一项系统性的工程，认清这项工程的开展具有复杂、灵活多变等特征。鉴于此，大学在进行应用语言学的研究和应用时，必须结合自身的教学特点开展教学活动，只有这样才能发挥应用语言学的真正力量，提高我国的英语教学水平。教师要进一步明确英语教学方式，找到英语教学中的误区所在，完善英语教学系统，让更多的学生主动参与到英语知识的技能学习和应用当中，提高英语课堂的教学质量。将应用语言学应用于大学英语教学中，在助推大学英语教学改革方面也发挥着重要的作用。

第三章 应用语言学与大学英语词汇教学

本章分为大学英语词汇教学现状、大学英语词汇教学的理论阐述、应用语言学指导下的大学英语词汇教学策略三个部分。

第一节 大学英语词汇教学现状

我国词汇教学是从校园英语课程的设立开始的。在一开始的英语教学中，英语教师都是采用传统的语法翻译法来进行词汇教学的。由于英语教师经常通过目的语来翻译英语词汇的语义，学生对英语单词的发音反应较慢，学生的口语能力也相对较差。

20世纪60年代，受到国外语言学中听说法的启示，句型教学成为国内英语教学的重点，这促进了国内英语教学的发展。在当时，英语教师通过替换的方式来引入和学习新单词，其目的是通过这种练习方式来操练所学的英语句型。这与国外当时的教学法相一致。

自20世纪70年代国外交际法的流行开始，国内也开始尝试通过交际法进行英语教育，进行英语教学的目的是培养学生的英语表达能力。在当时，对于词汇的教学仍然停滞在课上对单词的拼写进行检查、课后对单词进行记忆背诵的阶段。在西方的语言学理论的影响下，国内的学者并没有重视词汇教学在英语教学中的地位，并且缺乏针对词汇教学的有效方法，这一现象一直持续到20世纪90年代。

自20世纪90年代起，国内的语言学家开始重视词汇教学在英语教学中的作用，国内英语教学的研究展现出新的面貌。国内教育界意识到词汇教学的重要性，并针对英语词汇教学进行了深入的、广泛的研究。

国内学者对词汇教学研究的热度不减，提出将一些现代化的教学方法应用到英语词汇教学中。毕银燕强调随着国际化交流的发展，跨文化语用学的运用在词汇学习中的重要性越发显现，并提倡教师在词汇教学活动中融入跨文化语用学的文化意识来提高学生的理解能力与语用能力，从而达到有效交际的目的[①]。娄惠茹提议教师在进行英语教学时可以借鉴一些相应的语言理论基础，这种方式可以有效地提高英语词汇教学过程中的教学质量[②]。柴玉提倡把翻转课堂应用到大学英语词汇教学设计中，通过课前学生在线自主性学习、课上学习与互动以及课后线上巩固三种方式来激发学生对英语词汇学习的兴趣，并有效地把所学的词汇知识进行内化[③]。徐丽娜和刘金辉提倡把思维导图的方法应用到大学英语词汇教学中，在拓展教学方法和进一步强化词汇教学改革的同时，引入思维导图还可以培养学生英语学习的自主性以及提升英语教学的效果[④]。刘丽梅就"如何提高学生英语词汇学习的积极性"问题展开了研究，并提议英语教师应给学生提供更多的关于英语学习的渠道和资源，以便于学生可以在课外时间通过这些渠道发现自己的兴趣点，从而培养学生英语学习的积极性以及自学能力[⑤]。

一、学校方面

部分学校在进行英语教学的时候，过于重视语法使用规则和单词发音规则的教学，对于单词本身却没有进行过多的关注。在进行英语词汇教学时，教师会花费大量的时间向学生解释单词意思，且要求学生记住单词的用法和发音，但是关于单词的学习办法和掌握单词的途径，并没有做出过多解释，学生单词学习的好坏完全取决于个人的努力程度。

除此之外，还有部分教师在英语教学的时候直接忽略了单词教学，在课堂上只通过讲解、阅读的方式，让学生跟读单词即可，不会介绍构词、词缀等相关内容，反而将语法作为重中之重进行教学。因为英语语法知识本身就非常枯燥无味，仅仅死记硬背很难真正掌握这些语法知识，所以很多学生虽然非常努力地记忆这些语法知识点，但在实际应用的过程中往往会暴露出各种各样的问题，并不能真正将这些语法知识点转变为自己的能力。缺少科学记忆方法指导的单词记忆，一定是枯燥且低效的，加之英语学习其他板块任务繁重，大学生对于英语单词的学习和记忆特别苦恼。

---

① 毕银燕.英语词汇教学中跨文化语用学的运用研究[J].教育现代化，2016，3（40）：202-203.
② 娄惠茹.认知语言学理论及其对英语词汇教学的启示[J].教学与管理，2017（36）：86-88.
③ 柴玉.大学英语词汇教学翻转课堂的可行性研究[J].武汉船舶职业技术学院学报，2019，18（4）：84-87.
④ 徐丽娜，刘金辉.浅谈基于思维导图的大学英语词汇教学设计[J].中国多媒体与网络教学学报（中旬刊），2020（11）：132-134.
⑤ 刘丽梅.大学英语词汇教学研究[J].英语广场，2021（1）：102-105.

二、学生方面

（一）词汇学习兴趣不足

单词学习在英语学习中的重要性不言而喻，很多大学生都表示，因为要记忆大量的单词，英语学习比较枯燥，在这种情况下学生对于英语的学习兴趣会不断下降。有时候学生在单词背诵方面投入了大量的时间和精力，所获得的效果却不是很理想，例如，在短时间内能牢记部分单词，但是下课后有的单词就忘记了。

记不住单词的问题，让学生在英语学习的时候感到十分困惑，很多学生虽然投入了大量的精力和时间记忆单词，但却不能灵活地应用单词，在这种情况下学生往往会丧失学习英语的兴趣，但又不得不学习英语，只能按照单词表进行死板的背诵。这种背诵方法一方面会消耗大量的时间和精力，另一方面会使得学生对于英语学习产生厌倦感和抵触感。

（二）英语单词学习的方式多样

由于大学生在学习和记忆单词的过程中，每个人采取的方法不同，收到的效果也会有所差别。有的学生是通过单词软件学习，有的学生借助单词词典，有的学生通过阅读英文小说，有的学生观看英文短片。总之学生学习单词的渠道较多，每种方式都有其优越性，但能看出大学生对于单词学习是十分重视的。

（三）英语单词学习的目的不同

对于单词学习，每个学生的初衷不同，有的为了通过考级，下大力气、花大量时间研究琢磨；有的为了读研，每天练习与记忆单词。学生对于词汇学习主要有如下目的：单纯考试、就业、父母要求、读研、考级、感兴趣等。大学生主观方面对英语单词学习的积极性不高。

三、教师方面

语音教学要示范，语法教学要讲解，而英语词汇都有中文解释，学生可以自己查字典，自行理解、背诵和记忆。因此，相对于语音教学和语法教学而言，词汇教学比较容易处理。但是，仍有一些学生听不懂、记不牢单词，无论是在听力测试题、阅读题中，还是在情境对话题、写作题中，学生往往因为词汇障碍而听不明白、读不明白、说不出来、写不出来，从而对英语词汇学习失去了信心，甚至具有恐惧心理。这种现象的出现，主要是因为我国的英语词汇课堂教学中还存在种种问题。下面我们就对其中的常见问题进行分析。

（一）教师重解释而轻语境

部分教师在给学生讲授新词汇时，只告诉学生这个单词某一方面的汉语意思，没有根据语境进行扩展，导致学生只知道教师解释的该单词意思，而不知道一个单词根据上下文的变化可以有多种含义。这个时候，学生就产生了困惑，诸如此类的情况还有很多。因此教师在讲解单词时不能脱离句子，而是需要根据语境具体讲解。

（二）缩减词汇学习的时间

在教学上，教师虽然重视词汇，但是总的来说重视程度依然不够。教师往往花费较少的时间讲解本单元的新词，其他时间更多地放在语法、阅读、写作等分值大的考试内容上。殊不知词汇是其他一切语言学习的基础。教师的不重视必然会影响学生，会导致学生也忽视词汇的习得，使词汇失去了在英语学习中应有的重要地位，必然会对以后的语言学习产生不利的影响。而且即使对于教师上课时讲到的新词，学生也只是机械记忆，往往是课上刚记过课下又忘了，所导致的直接结果就是学生的词汇量不足，阅读不顺，写作时即使有思路也不会表达，落实不到笔头上。

（三）教师词汇教学策略单一

目前，在大学英语课堂词汇教学中，部分教师在讲授新词时，采取的依然是传统的教学方法：先带读发音，然后解释意思，再通过例句进行强化，最后开始讲解课文。这种一成不变的填鸭式教学，枯燥无味，自主操练较少，学生仅靠机械记忆，一方面记忆困难，另一方面也不可能真正掌握用法。加上目前教师检验词汇的方法也比较传统：听写或默写。对于缺乏自主学习性又不重视英语学习的学生而言，采用这种检查方法他们难以过关，学生学习词汇的兴趣和积极性都会受到打击。

第二节 大学英语词汇教学的理论阐述

一、词汇及词汇教学

词汇一词在英文表达中的表达形式众多，有"word, vocabulary, lexis, lexicon, lemma"等，词汇在语言学习中占有重要地位。掌握丰富多样的词汇并能够准确灵活地运用词汇，在正确的语境下使对方能够理解并接受是至关重要的。

大量接触单词并了解单词的意义以及使用规则,是学习新的语言的基础,语法知识对于语言表达的准确性有很大的影响,但并不是语言表达交流和学习中最重要的部分。语言知识当中词汇是最为基础和根本的部分,也是最直接需要掌握和积累的。当然语言所有的组成部分都很重要,语音、语义是语言学习的必要知识,在信息和文化交流中发挥着重要作用,但是词汇是最大的载体,承载最多的信息量,能够体现文化的特殊性和丰富性。词汇是构成语言的最小的单位,也是语言存在的最自然的形式,因此语言学家斯塔布斯（Stubbs）认为当人们想要诉说一门语言的时候总是最先考虑到词汇,没有语言不是基于词汇而建立和表达的,因此词汇是构成语言的最小的单位,是语言交流和教学的基础。语言的实质是语法化词汇,而不是词汇化语法,词汇是最基础和重要的部分,但是词汇教学不应该纯粹地关注单个词汇,应该关注词汇搭配和短语以及词汇组块,这样才能更加方便学生学习并运用词汇,才能整体提升口语表达的准确性与流利性。

  二语习得与教学最根本的任务是帮助语言习得者增强词汇习得与运用的能力,学生了解并熟练运用的词汇量越丰富,就意味着更擅长这一语言,并能影响学生对于这一语言的学习兴趣和信心。词汇教学中一定要重视词汇学习能力,并由此拓展到学生的听力、日常口语交流与对话当中。毕竟如果没有基础词汇作为语言的根基,学生拥有再完整的语法体系或者再地道标准的发音都是于事无补的,他所掌握的这门语言始终将会是单调乏味、缺乏价值的。词汇教学首先是了解词汇知识的组成部分；其次是找到最适合学生的高效实际的教学方法,真正触及学生的需求。词汇教学方法很难被系统地规定,难以精确到某一个或几个特定的教学方法,它不像语音和语法一般有章可循。

  词汇教学是以词汇（包括词和短语、成语、惯用语等）为教学内容,以目标词汇的理解和输出为教学目标的教学过程和教学活动的设计。词汇是语言各项基本技能听、说、读、写、译的基础,词汇教学活动包含在培养学生听力、口语、阅读、写作、翻译等语言能力的活动中。英语词汇学习过程是一个包括英语词汇输入、词汇信息加工和应用（输出）的认知过程。输入主要涉及词汇呈现方式。因此,词汇呈现阶段以及呈现词汇的方式对英语词汇习得具有重要影响。词汇呈现就是把目标词汇展示给学生。展示内容包括词形、音、义、句法特征、搭配及其运用等；呈现的同时也向学生提出学习目标和任务；通过对呈现方式、呈现环节及其步骤的改变,加深学生对目标词汇的感知印象,使其获取丰富的信息（语音、句法、意义等）,完善目标词汇在心理词汇中的储存形式,以便随时被激活提取。由此可见,词汇教学包含词汇教学环节和词汇教学性质。

词汇教学的发展大体分为两个阶段。18世纪，词汇教学主要通过讲授语法规则来实现。19世纪后期，在西欧，词汇教学主要是利用图画、实物等进行，这种方法称为直接教学法，即不通过母语，直接用外语来教外语。20世纪20年代，人们意识到了词汇教学的重要性。美国兴起的阅读法主张要想提高学生的阅读水平，必须重视对词汇的学习，认为词汇教学是外语教学的重要组成部分。"二战"后，交际法理论诞生，主张培养学生应用语言的交际能力，但交际法教学并没有重视词汇学习。一系列新的词汇教学理论出现在20世纪90年代。美国心理学家米勒（Miller）提出词汇组块教学，强调词汇组合模块对英语学习的重要性。附带学习理论指出学生可以在进行阅读、听英文歌曲等的同时附带学习词汇。但是，传统词汇教学法仍然在教学中占重要地位，这种方法认为通过明确告知来进行信息输入对学习外语更有效。因此教师讲授单词时大量传输琐碎的知识点，讲得太多、太碎，教法枯燥呆板，导致学生记忆单词时无从下手。在进行听、说、读、写实践时，学生也不会用正确的词来表达他们想要表达的意思。词汇记忆成为英语学生的主要负担，词汇教学达不到理想的效果。

二、英语词汇教学研究综述

词汇教学是以充分地理解词汇，并能恰当地运用词汇的双向互动活动。词汇教学的地位在英语教学中逐渐提高，关于词汇教学的研究也在不断创新与发展。

（一）国外英语词汇教学相关研究

18世纪末至19世纪初，语法翻译法在国外外语课堂中广泛应用，该方法过度依赖母语，只注重书面语的教学，并以培养学生的阅读能力和语法运用能力为教学目标，教师讲授的教学内容和理论观点与现实生活相脱节，以至于学生的词汇交际能力和口语表达能力无明显改善。

19世纪末至20世纪初，直接教学法在一定程度上弥补了语法翻译法的不足，该方法注重有效发挥图画、表情、身体姿势等直观的教学方式的作用，学生可以在课堂上直接对目标知识进行系统的认知。

20世纪20年代，学者发现阅读法可以克服直接教学法的弊端，阅读法注重词汇量的积累和词汇表达意义的运用，词汇量的增加和有效的词汇表达可以帮助学生提高识读能力。然而，由于庞大的外语词汇系统在一定程度上限制了英语课堂教学的适用范围和资源系统，课堂中如何正确地选择词汇作为教学内容成为难题。

20世纪40年代,听说法在外语教学中的应用模式及理论观念受到广泛欢迎,该方法主张句型是外语词汇学习的重要组成部分,句型的联系是语言习得的关键。该法以词汇的基本原理和应用规则为依托,将句型与词汇的互动相关性作为外语课堂教学的重中之重,并结合视听说教学活动,提高学生的听说能力。

20世纪70年代,交际法中表达性词汇的使用规则被语言专家广泛讨论,其为外语教学改革提供全新的研究视角,该方法在培养和提高学生的语言交际能力方面做出重要贡献。在教学过程中,通过创设语境进行语言结构的练习和交际性词汇的使用。

20世纪90年代以后,词汇教学的研究蓬勃发展,《英语词汇教与学》的出版标志着词汇教学迈进了新的一步。英国语言学家李维斯(Lewis)创立词汇教学法,他认为,词汇与语法息息相关,词汇和语法构成了系统的句法结构,并加深了词汇和语法之间的联系。他还指出教师应利用语块辅助词汇教学,语块可以将单一的词汇联系起来,已经形成的语块可以丰富学生脑中的知识库。

由国外词汇教学的研究成果可知,在20世纪80年代之前,词汇教学在外语教学中并不占据主导地位,在一定程度上未受到重视。诸多学者认为词汇只是学习语法、阅读和口语的辅助工具,并未涉及将词汇教学融入英语课堂全过程的研究。

(二)国内英语词汇教学相关研究

20世纪80年代以前,国内的词汇教学同样受到了忽略,国外的听说法和交际法虽然传入中国后逐渐引进课堂教学中,但是词汇仍然处于次要地位。

20世纪80年代后期,词汇教学逐渐被人们重视,国内对词汇教学的研究也日益增多,研究内容越来越广。专家开始探索认知语言学、语用学及跨文化交际对词汇课堂的重要意义。

①在认知语言学方面。陈勇论述了词汇教学的地位,他研究了大学英语课堂中词汇教学的现状,并将认知语言学的定义及运用情况进行深入扩展。该研究对词汇教学在课堂中的应用有重要意义[1]。蒲洁提到词汇是任何语言的基本组成部分,教师应该帮助学生灵活地使用词汇,达到认知与运用相结合,提高学生的语言能力。因此,将认知语言学理论应用于词汇教学成为外语教学的发展趋势,在教学改革方面具有重要价值[2]。李幸以基本范畴理论和原型理论为依据,提出以

---

[1] 陈勇.英语词汇教学中认知语言学的应用策略分析[J]中国教育学刊,2016(S2):286-287.
[2] 蒲洁.论认知语言学理论对新时期大学英语词汇教学的启示[J].当代教育实践与教学研究,2018(4):66-67.

认知语言学理论为基础是提升英语词汇教学效率的有效途径,并对英语词汇教学的认知规律进行深入探究,认为教师应注重挖掘英语词汇习得的内在机制,满足学生词汇认知的内在需要①。

②在语用学方面。陆巧玲认为情境语境的创设是词汇教学的重要组成部分,教师在创设语境时应考虑学生所处的生活环境,将学生的身心特征作为重要参考点,语境与日常交际的结合是词汇教学的必经之路和发展趋势②。吕道利强调必须将词汇、句法结构和语篇运用相结合,充分发挥语句和语法功能,进而达到培养学生词汇运用能力的目的③。

③在跨文化交际方面。刘慧霞提出教师应利用充满互动性的第二课堂开展词汇学习,利用学生耳熟能详的小故事创设情境辅助教学,进而为课堂中生生之间的交流营造良好的文化交流氛围,促使学生理解词汇的意义④。陈莉从跨文化交际的角度出发,详细阐述了汉语和英语相结合在英语词汇教学中占有重要地位,二者的结合促进了跨文化交际学的发展。跨文化交际理论与词汇教学相结合的研究结果表明,词汇教学应将文化背景知识作为基本依据,在实际的英语课堂中注重对学生文化意识的培养,促进学生之间跨文化交际的顺利表达⑤。

综上所述,我国专家学者对词汇教学的研究历史悠久,研究范围广且深刻,同语法、语音相比,词汇教学在发展演变过程中受社会文化因素的影响较大。国内关于语言学、心理学和文化交际等领域都有丰硕的成果,提出了很多词汇教学理念和词汇教学方法。但是,专家对词汇教学的实践方法研究较少,对于提高学生词汇学习能力和交际能力的实证研究不足。

三、大学英语词汇教学的理论基础

(一)多模态话语分析理论

西方国家早期学者克雷斯(Kress)等认为模态是经过长时间的社会塑造而形成的符号资源,并通过社会活动准确表征某些特征意义,完成社会交际的模态。我国学者张德禄认为多模态话语指运用听觉、视觉、触觉等多种感官,通过语言、图像、声音、动作等多种手段和符号资源进行交际的现象。

---

① 李幸.浅谈认知语言学理论对英语词汇教学的作用[J].中国教育学刊,2019(S1):100-102.
② 陆巧玲.词汇教学中的语境问题[J].外语与外语教学,2001(6):32-34.
③ 吕道利.英语词汇教学研究[J].外语研究,2004(2):64-66.
④ 刘慧霞.英语词汇的文化内涵与词汇教学[J].吉林广播电视大学学报,2011(7):25-28.
⑤ 陈莉.浅析跨文化交际视野下的英语词汇教学[J].当代教育论坛(教学研究),2011(7):82-84.

张德禄教授基于系统功能语言学建立了多模态话语综合理论框架，并研究了模态实现的不同媒体系统、模态关系和教学原则。这个框架由四个层面组成：文化层面、语境层面、内容层面和表达层面。文化层面在多模态交际中处于关键地位，决定着交际和形式。

多模态话语分析理论对多模态词汇教学模式的构建具有重要指导意义。课堂的主要环节包括课堂导入环节、内容呈现环节、互动环节以及巩固练习环节。首先是课堂导入环节，该理论有助于教师从文化层面和语境层面构建课堂教学。其次是内容呈现环节，该理论有助于教师以多模态的意义和形式层面为核心构建课堂教学环节，借助形式层面中的语言、图像、声音和感觉等系统，利用多媒体展示各种各样的模态，进而调动学生的多种感官系统，使学生沉浸到词汇的学习中。再次是互动环节，以语境层面与表达层面为基础，借助表达层面的形式（语言和非语言）使模态之间互相强化、互为补充。该理论有利于师生交流和生生交流，帮助学生使用多模态的符号体系进行交际，丰富词汇学习的交际互动方式。最后是巩固练习环节，该理论有助于教师以形式层面和表达层面的意义为核心，构建多模态词汇教学模式。

多模态词汇教学模式较传统的教学模式有一定的优势，有利于师生共同成长。对学生而言，多模态词汇教学模式能激发不同的感觉器官，活跃课堂氛围，激发学生学习英语的兴趣；对教师而言，这种新的教学模式有助于提高其应用现代化教育信息技术的能力。为了与时俱进，教师需要不断提高自己的学科素养和教学能力，探索多模态词汇教学模式；需要与学生一起探索新知识，让教师从单一的传授者向多元的参与者、监督者和帮助者转换。同时，这也可为相关课程的教学改革提供一定的参考。

教师在进行多模态词汇教学时，要认真匹配各种模态，正确分析多媒体和移动技术的特点和作用。多模态词汇教学并不能完全替代传统的教学手段，但可以当作技术支持对教学形成有益的补充。网络作为多模态教学资源的获取来源，既有积极的一面也有消极的一面，利用好能强化学生的记忆并促进学生的学习，利用不好会分散学生的注意力导致成绩下滑。因此，教师需要根据相应的教学内容以及学生的实际状况合理选择模态，优化多模态词汇教学模式。

（二）认知记忆理论

记忆是指在某种条件下，人们从大脑中提取信息的过程。记忆划分为短时记忆和长时记忆。短时记忆又称工作记忆，是指外界信息对人脑产生的刺激在短时间内呈现，记忆时间限制为1分钟。短时记忆的容量有限，保持时间为30秒，在30秒后必须经过加工或复述才能转入长时记忆，否则很快会被忘记。长时记忆又称永久性记忆，是指外界信息能够保持在1分钟以上甚至被永久地保持在人脑中，长时记忆的容量无限。

通过以上对于记忆的分类，我们不难发现，记忆系统主要包括三个环节：编码、储存和提取，或又被称为识记、保持、再认或回忆。外界信息如果未经注意，会在极短的时间内被遗忘然后消退；外界信息经过加工被储存在短时记忆中；储存在短时记忆中的信息最终通过复述进入长时记忆中，然后大脑根据人们所需立即提取信息。

认知记忆理论对词汇教学模式的构建，以及学生短时记忆和长时记忆效果的研究具有重要的指导意义。

首先，当外界信息对学生产生刺激后，学生会产生注意力，该信息会以极短的时间呈现出来，这时外界信息会进入短时记忆区域。因此，在实际的课堂教学中教师应恰当选择多种模态和媒体资源，增强学生对目标词汇的注意力，让学生对所学词汇进行编码，从而进入短时记忆。

其次，未经过大脑加工或复述的信息很难转入长时记忆，在短时记忆区域内信息的遗忘速度很快。因此，在实际的课堂教学中，教师应找出核心词汇，在学习其他词汇或进行教学活动时反复提及，有利于学生大脑中的短时信息经由不断地复述进入长时记忆区域。

最后，这些信息在长时记忆中处于一种稳定状态，当人们需要时，大脑会立刻提取所需信息。

因此，在实际的课堂教学中，教师应帮助学生提高复习的主动性，反复地记忆信息，从而深化记忆。该理论有助于教师凭借记忆系统的反复性灵活地掌握学生的词汇记忆状况，并根据学生词汇记忆不足之处及时调整教学，合理选择模态，进而使学生的记忆效果达到最优。

四、大学英语词汇教学的原则

大学英语作为学生大学时期非常重要的一门课程，其一直在跟随时代的发展而不断变革，未来的课程改革日趋个性化、社会化和多元化。受其影响，社会发展不仅需要专门的技术人才，更加关注如何更好地将最新的大学英语课程教学改革思路与信息技术的教育应用进行整合。

所有的语言教学方式都有自己的教学原则。这些原则可以反映倡导者对语言、语言学习规则和教学理念的理解。中国研究者王铭玉和贾梁豫在1999年提出了词汇教学的三大原则：质量原则、情境原则和解释原则。

质量原则是指词汇的掌握是一个循序渐进的过程，不仅要看词汇的数量积累，还要看词汇的质量积累。学生要逐步掌握一个词的发音、意义和用法，循序渐进的词汇教学是十分必要的。

情境原则主张教师应创设真实的情境来教授词汇。具体情境多种多样，可以涉及生活的方方面面，如对话和购物情境等，也可以根据学生的观察思维能力，设定表演情境、想象情境等。情境原则将词汇知识与实际生活相结合，可以使学生更透彻地理解词汇，有效激发学生的学习兴趣，并使学生在交际中合理地使用目标词汇。

解释原则可以从宏观和微观的角度来看待。从宏观的角度来看，词汇教学应该拓宽学生的视野。除了词汇教学外，教师还需要对学生进行跨文化、中西方思维差异等方面的教学。从微观的角度来看，教师可以在初级阶段用母语解释词汇，以促进学生对词汇意义和词汇使用的理解。

第三节　应用语言学指导下的大学英语词汇教学策略

一、增强词汇教学的语境意识

词汇是构成语言的基础，是语言交流和教学的基础。不同的语言不仅能够保存和传递相应的文化信息，更能反映该文化背景的特点。词汇作为语言的一部分，从词形、词意等各个方面反映该语言的文化特点。因此，教师在词汇教学的过程中应该将词汇与该语言的文化习俗背景相结合进行教学，通过这种方式可以帮助学生更好地理解和接受所学语言的环境和文化。在开展教学工作时，要了解学生的知识文化背景，并依据相应的背景知识开展教学是十分必要的。教师在帮助学生理解和掌握词汇的基本含义后，要为学生讲解词汇的由来及背后的故事，挖掘文化因素，可以适当地对比文化中的异同，加深学生对语言本质特征的深层次理解，培养学生的学习习惯和学习兴趣，提高跨文化语言交际能力和学习能力。

语言的功能就是保留并传递信息，具有交际作用，学习和掌握语言就是为了帮助不同文化的人更好地进行语言交流，因此应该尽量培养学生在日常生活和情境中的语言应用能力。在英语词汇教学中，教师应有意识地为学生提供应用词汇的机会。在训练前先对所学词汇的含义、搭配、使用方法和使用范围进行教学，在学生掌握了基本知识后，一定要注意教学方法，有意识地为学生创设真实的情境，在真实的交际情境中，结合词汇、语音、语法等各项要素，帮助学生构建完整系统的语音体系。学生在学习和积累词汇的同时，培养口语表达与交流能力。

二、注意词汇音、形、义教学的结合

词汇教学中一个十分重要的部分是语音，即发音。帮助学生掌握正确的词汇发音方法可以帮助他们更快捷地掌握词汇的拼写，提高口语交际能力。教师应教授国际音标，让学生沉浸式地学习地道标准的发音，帮助学生克服母语的依赖和影响。在记忆单词时，切忌死记硬背，应该帮助学生利用拼读法记忆背诵单词，这是语音教学的核心，能改变学生需要借助母语来记忆英语发音的不良习惯。单词发音要有策略，科学有效的单词发音方法能够有效地帮助学生记忆词汇，帮助学生掌握发音。教师要创新教学方式，培养学生良好的学习习惯和学习策略，产生学习正向迁移，为高效准确地记忆和背诵单词奠定基础，增强学生学习英语的信心。

语音的准确掌握与运用可以帮助学生高效地学习词汇。尽管对于学生来说，语音的掌握并不简单，但是语音的学习还是有其内在规律的。根据语言学家的研究，绝大部分英语单词的外在形式与其发音规则是具有内在统一的规律的。英语是拼音文字，这就决定了它的拼写与发音之间存在拼读规律。一般来说，在英语词汇的学习过程中，只要掌握词汇的发音，就可以尝试拼写出词汇，并且往往是准确的。这对于学生来说是一举两得的好方法。如果不够重视或者忽视了语音学习对词汇记忆的帮助，那么记忆单词的方法就不够有效，学习词汇也会更难。由于英语词汇往往由多音节组成，因此各个音节之间就会出现音节轻重的区别。汉语中的抑扬顿挫与其比较相似又不尽相同，但可以帮助学生理解轻重音的含义。例如，在发音时，如果语气语调强调停顿的地方不准确，会让人无法理解所要表达的含义。因此无论何种语言都要注意轻重音的区分与运用。

如果能够熟练掌握所有的语音规则，那么就不难掌握词汇的拼读法。词汇的音、形、义等方面是一个完整的整体，相互融合。要想熟练掌握词汇，就必须把各个方面的含义及规律理解完全。教师在开展教学的过程中应该对各个部分都加以重视，无论是发音、拼写还是词背后所表达的含义都是需要重视的。任何一个部分的缺漏都会导致整体的误差。传统的英语词汇教学往往是以单个单词的发音来开展的，忽视了整体语言表达的准确性。词形不仅包括单词的拼写规则，还包括各种变化的形式，如人称代词、比较级与最高级及各种时态的形式等。除了发音和拼写规律之外，学生还需掌握单词的分类，在识记单词的时候一定要识记单词的属类，要意识到越是平常常见的单词越是容易具有衍生意义。因此在学习词汇的时候一定要首先识记基本意义，再拓展其他日常常见的用法。

三、加强词汇记忆教学

在学习英语词汇的时候，使用一些记忆技巧也就是记忆策略，能够有效提高大学生英语词汇学习的效率和质量，但考虑到学生在学习英语的时候受固有观念的限制，词汇记忆策略在实际生活中的应用并不广泛。结合研究结果笔者提出以下几点建议，以期提高大学生的词汇记忆能力。

（一）学校方面

①学校合理设置课程。对大学生而言，他们将过多的精力投入在专业课上，学校应该每周安排适当的英语课程，主动引导学生重视英语学习。不仅是让学生通过等级考试，更要让学生积极树立英语学习意识。

②学校丰富教学资源。目前大学英语教学所使用的教材较为陈旧，内容缺乏趣味性，很难引起学生的阅读兴趣。学校可通过网络寻找更为优质的教学资源进行补充，让学生主动对文章的内容进行探索，继而让学生通过阅读课文，激发对生词的学习欲望和词汇的记忆欲望。

（二）学生方面

①持续学习、厚积薄发。对于部分大学生而言，学习英语词汇似乎并没有受到重视，多数是为了应付考试。但学无止境，技多不压身，只有多掌握一门语言，多增加记忆词汇量，才能在交流、沟通中运用自如。大学生要高度重视，持续学习，将词汇记忆作为日常学习的组成部分。要多听多读、多看多写，切实增加自己的词汇储备量。

②掌握策略、培养兴趣。面对大量的词汇，学生应该掌握词汇记忆策略，首先跟着教师的节奏，积极学习不同类型的记忆方法，在不断地学习中找准适合自己的策略，这样才能轻松地记忆词汇。其次要培养学习兴趣。兴趣是最好的教师，

学生平时可以多读些英文书籍、观看英文小短片，在阅读的过程中记住生词。因为联系了上下文，所以词汇记得牢，也不会感到枯燥。学生还可读英语专业的精读课本，每天读，逐渐增加词汇量。

如果有了正确的方法和策略记忆英语词汇，就会事半功倍。作为教师，要深知英语词汇的重要性，但在教授学生英语词汇时，部分英语教师只是简单地让学生背单词和表达，而不关心学生采用什么方法。部分教师关心的是学生是否背熟了英语词汇，并未教给学生系统化的学习方法和策略，使得很多学生在记忆英语词汇时没有可识别的策略。

因此，记忆词汇的质量和数量制约了学生英语学习的进展，使英语课程标准提出的基本要求难以实现。记忆策略是记忆英语词汇的有效工具。因此，学生掌握一些基本的记忆策略非常必要，如果学生能真正地执行教师教给他们的策略，那么他们的英语水平就会提高。

（三）教师方面

①主动传授、积极引导。教师主动向学生讲授词汇记忆策略，很多学生在学习英语的时候记不住词汇，其中有一部分原因和任课教师有关。例如，部分任课教师对于英语词汇的教学并不重视，认为词汇记忆是学生自己的事情，学生的努力程度决定了他们能够记住多少词汇，与教师怎样教学没有较大的关系。但是教师的有意引导是帮助学生提高记忆力的重要手段，教师在教学的时候，要适当地教授学生记忆策略，让学生通过学习获得成就感，从而激发学生对于学科的兴趣。使用记忆策略的大多数学生，在学习一段时间之后，其对于英语学习的信心都有所提升。虽然学习是没有捷径可走的，但是并不代表学习是没有技巧可取的。教师的主动引导，能够让学生在学习的时候找到乐趣，有助于学生增强自信心。

②加强学习、提升素养。教师应该和学生一样持续性学习，主动汲取先进的教学理念知识。教师在教学的时候应该积极阅读一些关于教学理论和教学知识方面的文章，利用先进的教学观念来武装自己，让自己的教学质量更高。

③创设情境、找准策略。教师应主动创造尽可能多的环境让学生使用记忆策略，可以在教学的过程中找一些优质课外教学资源，让学生的词汇量得到进一步扩充。也就是记忆策略的使用不能局限在某一个单元，应该贯穿整个词汇教学中。例如，教师在讲解试卷的时候，可以向学生讲授一些记忆策略，扩充学生的词汇量，让学生在学习的过程中主动利用适合自己的记忆策略进行词汇的学习。

四、运用丰富的词汇教学方法

英语教学中最为基础的教学步骤就是词汇教学,然而部分英语教学工作者认为词汇教学很简单,依旧沿用教师讲授、学生接受的方式,这种灌输式的教学结果并不理想,难以发挥学生学习的主动性。

(一)翻译法

教师简单直接地将要教授的新词汇的含义告知学生即为翻译法。教师在讲授较难、较生僻的词汇时可以运用此种教学方法,帮助学生掌握新词,利用心理学规律帮助学生留下深刻的记忆。

(二)实物法

教师在教学过程中利用直观的教学工具,呈现与所学知识相关的实物,充分引起学生的注意和兴趣。在教学过程中,很多事物是可以直接用作道具的,这些比较常见的日常用品可以让学生产生亲切感,从而愿意积极地参与进来。

(三)图示法

教师可以简单地勾画出要教授的新词汇的大致图形或图表,这样可以直观地展示词汇的内部逻辑关系。这样通过揭示词汇间的关联可以让学生更全面系统地掌握新词汇,这样的方法能够帮助学生轻松愉快地记忆新词汇。

(四)动作演示法

教师可以通过做如"smile,drink"等简单日常的动作调动学生的积极性,使学生充分调动感官参与学习中,利用听觉、动觉等加深印象,从而理解词汇,加深记忆。

(五)猜谜法

教师可以将一些简单的词汇含义编成谜语的题面,再给予适当提示,鼓励学生踊跃参与猜谜语活动。这样生动有趣的词汇教学方法,能充分调动学生的积极性。

(六)故事法

教师可以利用小故事作为导入的工具,在开课之前引起学生的好奇心,激发学生的学习热情。在词汇教学过程中也可以将新讲授词汇串联成故事,这样不仅方便记忆,更能教会学生如何正确运用词汇。也可以让学生自行编故事,对于新知识活学活用。

（七）新旧词汇关联法

教师在教授新词汇时一定要注意词汇间的关联性，从已经掌握的词汇中引申出新的词汇，帮助学生更系统地掌握新词汇。教师可以利用同义词，如"beautiful-pretty, clever-smart, good-wonderful"等进行教学；可以利用反义词，如"tall-short, big-small, fat-thin"等进行教学；还可以利用词缀，如"happy-happiness, sign-signal"等进行教学。采用这种方式可以扩充学生的词汇量。

（八）情境教学法

教师可以根据教学内容创设教学情境，使学生在真实的或者创设的情境中做到学以致用，在实际锻炼中掌握词汇的使用规则与方法。这种教学方法比传统的灌输式的教学方法要活泼有趣得多，能够发挥学生的主动性，活跃学习气氛。

总之，教师应该运用丰富多样的词汇教学方法，充分调动学生的各种感官去认识并学习词汇，运用科学的教学方法帮助学生轻松高效地掌握词汇。

第四章　应用语言学与大学英语语法教学

本章分为大学英语语法教学现状分析、大学英语语法教学的理论阐述、应用语言学指导下的大学英语语法教学策略三个部分。

第一节　大学英语语法教学现状

一、学校方面

自从 20 世纪末大学扩招以来，我国大学英语课堂教学的规模越来越大，出现师生比例失衡现象。这样一来，教师就很难在课堂上进行有针对性的语法讲解，学生语法知识水平的差距就会加大。另外，现行教学模式下的大学英语课程一般只在大学一二年级开设，没有专门的语法课程。在有限的课时分配中，教师要完成综合教程的教学任务力不从心，而要系统讲解语法知识更是难上加难。

二、学生方面

学生普遍认同在交际背景下学习语法，希望在英语课堂教学中穿插一些语法分析，在真实的语言情境中进行语法学习，也希望教师多补充一些新的语法内容。对于中学阶段已经学习过的语法知识，在大学阶段要提出更高层次的要求，帮助学生建构更全面的语法知识体系。

在目前的大学英语语法教学中，有一部分学生没有熟练掌握语法基本知识，对语法知识掌得得不扎实；有一部分学生认为自己的语法水平一般，不满意自己现有的语法水平，认为语法课堂教学枯燥乏味，不愿意教师在课堂上花很多时间进行语法讲解，对语法学习不感兴趣；还有一部分学生因为没读懂题目，无法掌握句子结构；另外学生的日常学习习惯也会影响语法教学，有些学生表示课上认真听讲，但课下并没有及时复习笔记以及进行相对应的语法练习，导致语法知识很快就忘记。

三、教师方面

部分大学英语教师虽然意识到语法教学在英语语言学习中的重要地位，但在实际的课堂教学中把教学理念和教学实践分开。首先，部分教师认为，语法在中学阶段已经学完了，到了大学阶段只是简单地复习回顾，无须进行系统讲解，而应该把教学重心放在培养学生的综合技能上，于是课堂上碰到语法知识点时，教师总是"蜻蜓点水"地一带而过，要求学生课下进行系统复习。其次，有些教师认为语法教学是一个非常复杂且有挑战性的工作。在他们看来，尽管语法是一个有规律可循的体系，但同时存在很多例外情况，这就使讲解语法知识"困难重重"，因此，在教学过程中部分教师就有意识地"绕过"语法点。最后，有些教师虽然意识到语法教学在大学英语中的重要性，也在教学过程中进行了专门的语法教学，但是其方法依然局限于传统以语法翻译法为代表的显性教学法。这种方法虽然能直观地讲授语法知识点，对缺乏英语学习环境的中国学生来说可以接受，但教师只是一味地讲解，没有融入学生感兴趣的多元化媒介或手段，使教学效果不甚理想。

第二节　大学英语语法教学的理论阐述

一、英语语法教学研究综述

（一）国外英语语法教学研究

语法教学主要经历了语法翻译法时期、结构法时期、认知法时期、交际法时期以及任务法时期。交际法时期之前，语法是英语课堂教学活动的主要内容。一直到交际法出现，语法才被置于边缘地位，取而代之的是各种形式的交际活动。交际法时期强调在真实的语境中学习语言，而不是通过语法来学习语言。而在任务法时期，语法的地位又得到提升。

16—18世纪，语法翻译法占主导地位，语法为外语教学的中心。学习一门语言要经过一定数量的语句翻译来掌握使用规则，认为学生掌握语法规则有利于培养理解外语和运用外语的能力。语法翻译法没有抓住语言的本质，重视书面语而忽视口语教学，过分强调翻译的作用，过于强调语法在教学中的作用。

19世纪中期，语法的主导地位受到弱化，针对翻译法不能培养学生听说能力的特点，直接法在西方产生并得到推广。直接法不使用母语而用动作和图画等直观手段解释词义和句子，既注重语言实践练习，也重视口语和语音教学，有效培养学生的语言运用能力。但是直接法没有明晰的语法解释，导致学生出现较多的语法错误。

进入20世纪，外语教学逐渐重视训练学生的口语交际。20世纪20年代出现的情境教学法表明，通过实践，学生的语言能力得到了提高。

20世纪40年代初，听说法侧重于分析句子构成的规则，以句型为中心，通过句型操练自动化地运用每一个句型，掌握目的语。这种机械性地听说操作脱离语境，忽略了语法规则，不利于培养学生创造性地运用语言的交际能力。

20世纪60年代产生的认知法，通过有意识地学习语音、词汇和语法知识，掌握语言规则并能从听、说、读、写方面全面地、创造性地运用语言，强调语法学习和发展智力，改进语法课堂教学的效果。

20世纪70年代，交际法被大力推广，交际法以语言功能为纲，培养在特定社会语境中运用语言进行交际的能力。第二语言教学不仅让学生掌握语言规则、正确运用语言，还要掌握语言的使用规则、得体地运用语言，但是交际法没能处理好语法知识的教学问题。

20世纪80年代以后，随着第二语言学习研究成果的涌现，人们开始重新思考英语语法教学的重要性。随着教育教学实践的逐渐发展，教师开始思考的不是语法应不应该教，而是怎样促进学生快速掌握一门外语，怎样提升学生的外语应用能力，进而真正掌握第二语言。而到底使用哪种方法进行教学，是学者不断争执的问题。只重视功能而忽视形式是错误的，过多强调运用语言的能力也可能导致缺乏必要的语法知识，缺乏组成句子和分解句子的能力。在教学中应该既重视形式和功能，又重视意义，构建语法教学的理念框架（形式、意义、用法占相同比例）是很有用的。

美国学者拉森－弗里曼（Larsen-Freeman）提出语言是由三个维度构成的，即语法、语义和语用，把握三个维度相互关联的意义是很重要的，没有一个维度是可以单独存在的。语法为我们提供了语言的形式或结构，但是如果没有语义和语用，那么这些形式就毫无意义。语法是一个动态的过程，国外的语法教学研究趋向肯定语法教学对提高学生语言能力和语言使用准确性的重要作用。语法教学只有将形式、意义和用法结合起来，才能对大学英语语法教学有启发和指导意义。

国外一些学者对语法教学的作用机制以及如何发展语法教学做了大量的研究，为我国的相关教学提供了参考。

（二）国内英语语法教学研究

我国英语语法教学的发展可以借鉴国外外语语法教学的演变过程。

20世纪60年代前，语法翻译法是主流的英语教学方法。

在20世纪六七十年代，英语课堂教学应用的主要方法从语法翻译法过渡到直接法和听说法，语法仍是教学的核心，但地位减弱。

随后，交际法正式进入我国。语法教学的忽视，大大降低了学生使用语言的能力，使学者开始重新认识语法课堂教学的重要性。

20世纪90年代，学者开始探讨显性语法教学和隐性语法教学。显性语法教学的特点是注重教材的语法分析，教师采用传统模式进行教学，主要分解句子结构、分析词汇和短语的应用场景以及使用规则。而隐性语法教学鼓励利用情境模拟在适当的语境中学习语法。究竟使用哪种方法教学，要根据知识的难易程度。语法教学中显性语法教学和隐性语法教学相结合，可以为学生提供大量使用英语的机会。新课程标准颁布后，语法的重要性得到认同，语法教学研究的重点开始从是否教转向如何教，研究对象逐渐扩展到学生。

我国对英语语法教学的研究也在不断发展和深化，涉及不同的研究和分析视角，既有对理论知识的探索，又有实证研究。

关于语法教学的问题程晓堂2013年指出，外语界对语法教学的争论有是否应该教授语法、应该教授什么样的语法和怎么教语法等，经过研究发展与讨论，"聚焦语言形式"的折中思想得到普遍接受，在语言实践课堂中，教授语法的形式和意义要很好地结合。程晓堂认为，"语言规则本身不应该成为教学的最终目的，教授语法时还应包括语言形式的意义、与之所关联的社会因素和语篇语境等"。语法教学中教师应为学生提供真实的语言素材，让学生注意语言的形式，理解语言的意义和功能，在输出时使学生能够表达语意连贯的语篇，提高交际能力[1]。

语法是连接语音、词汇、功能和主题的关键，语法就像沟通的桥梁。我国的英语语法教学也在不断发展和变革，在课堂中语法翻译法占比下降，视听法及交际法占比提升，语法教学辅助手段更加丰富。在新课程标准的指导下，语法教学与听力、读写、口语教学自然融合，全面提高学生的英语技能。

---

[1] 程晓堂.关于英语语法教学问题的思考[J].课程·教材·教法，2013，33（4）：62-70.

二、大学英语语法教学的理论基础

（一）语境理论

1993年，美国语言学家卡马克（Carmack）提出了语境教学法，正式启动了基于语境理论的语法教学研究。他认为在实际情况下教学生学习使用语法比让学生了解语法知识更重要。他强调了语境在语法学习中的重要性和意义，并将语境教学理论推广到语法领域。英国语言学家约翰·亨利·纽曼（John Henry Newman）提出语法常常是在语境之外呈现的，希望学生通过练习来内化语法知识。这些练习能够让学生掌握正式的、陈述性的语法，要为学生提供机会探索语境中的语法结构。他强调学生需要在语境中学习语法，将语法概念应用于语言技能，否则语法知识将无用。

语言的意义是语境限制的，所以学习语法知识不单单要注重语法形式，还要理解语法意义。把语法教学、语义理解与语境功能相结合，语法的形式、意义和功能才能统一。学生通过语境理解语言意义，选择适当的语法规则来准确表达自己。

语境创造要具有真实性、交际性和适用性。教师应教会学生理解语境中的语法知识和规则，并将其应用于具体语境的交流中，而不是鼓励学生背诵语法概念。

语法教学不仅仅局限于理解语法规则、句法规则等，学生只有在语境中感受语法模式，理解潜在原因和特殊意义，才能更好地进行语法学习。

从创立语境教学法到将语境理论应用于语法教学，学者从语境化语法教学的必要性、应用方法和策略等方面做了大量的研究，给我国的英语语法教学提供了宝贵的经验。

自从语境理论引入中国，很多外语教育研究者开始研究该理论在英语教学实践中的应用。

语法教学应基于语言环境和情景，应基于语言现象，而不是讨论和考察孤立的语法规则。教育者要关注学生的语言交际能力，尤其应该把握好学生的词法、句法的言语能力与社会语言学、语用学应用方面的语篇能力之间的关系。实施语境化语法教学，在真实的语境中实现语法形式、意义和用法的统一，增强学生的语境意识、优化语篇分析能力，最终大大提高语法教学质量。

在大学英语语法教学中以静态的方式呈现语法规则，以单一的形式进行反复操练，学生只能形成短期记忆，语法能力很难提高。但是在教授语法时设计不同的语境，引导学生在不同的语境中发现语法形式，体会语法意义，领悟语义限制和使用条件，这样才能使得语法教学取得良好的效果。

只有在语境中学习并应用语法，学生对语法知识的理解和掌握才能更加清晰和深刻。教师和学生都承认语境或情境的用法对英语语法教学和学习是有用的，但他们不知道完整的语境理论的知识体系及其使用的直接方法。在经过语境化语法教学后，语境化语法教学的可行性和有效性得到验证，语境化语法教学能够激励学生更好地学习语法，提高学生的综合语言运用能力。语境理论应用到语法教学中是十分必要的，学生可以正确理解语法规则和语义，并在不同的语言环境中很好地应用。在大学英语语法教学中教师要遵循真实性、交际性、文化性、对比性和以学生中心的教学原则，更好地应用语境化语法教学，提高语法教学的成效。

（二）微型学习理论

2004年学术界首次提出微型学习理论。微型学习是一种新的学习和研究范式，是一种基于"微媒体"和"微内容"的学习、教学方式。微型学习依据信息科技的发展，推动教育的发展。微型学习单位相对较小，学习活动持续时间短。它是一种非正式的学习方式，通常（但不限于）将移动终端作为学习设备的载体，利用其简短的内容，方便学生利用课余时间和零散的时间进行学习。换句话说，教师可以根据不同学生对于学习的需求随时随地进行指导和教学。

微型学习理论为微观课程教育教学的发展提供了理论基础。随着移动电子设备的快速发展，微课程作为一种学习和教育资源，能够很好地满足大学生随时随地学习的需求。微型学习让学生快乐地学习，激发学生英语学习的兴趣。

（三）人本学习理论

人本学习理论注重对人类心理问题的分析和研究，强调学生不应进行被动的机械学习，而应学会为自身的发展提供有益的知识、经验和意义。在人本主义发展的相关研究理论中，学习的定义强调站在学生的角度，认识到每一项学习教育实践活动对学生的重要意义。所以人本学习理论研究的重点是为学生提供一个良好的学习环境，让他们通过自己的学习去认识世界，从自己的角度去学习有用的东西。这种模式对于学生来说，更有益于形成正确的世界观，更能找到自我的价值。

人本学习理论的教学实践目标是创造条件，促进学习方式的转变。所以人本学习理论重在教学研究方法而不是教学评价结果，强调提高学生的学习兴趣，改变学生死记硬背语法知识的现象。

人本学习理论认为，教师应尊重学生的兴趣爱好，在课堂教学设计上给予学生尽可能多的自由，突出学生的主体地位，促进学生的全面发展。

三、大学英语语法教学的原则

语法教学应该在一定的原则下，采取灵活多样的教学方法，以学生为中心，精讲多练，使学生在具体使用语言的过程中全面系统地掌握语法知识，提高语言的综合运用能力。根据大学英语教学实践，大学英语语法教学应遵循如下原则。

（一）循序渐进原则

英语语法具有层次性，英语语法教学应该由低层次入手，然后往高层次螺旋上升。然而在学生对语法已经有了一定的学习之后，就不能完全按照这种模式了，而应该根据学生的具体特点，有所跳跃、有所侧重、有所循环。

实际上，语法层次和语法项目在纵向和横向上都有许多延伸。因此，语法教学在纵向上，可按照由易到难的教学顺序；在横向上，可依据学生对语法把握的实际程度决定教学的先后次序，从而提高学生英语语法的综合运用能力。

（二）英汉对比原则

我国的学生学习英语语法必然会受到汉语的影响，而英语语法和汉语语法之间有着很大的区别。概括地说，英语多长句，汉语多短句；英语重结构，汉语重语义。

我国著名语言学家王力先生在《王力文集》中指出："就句子的结构而论，西洋语言是法治的，中国语言是人治的。"正因为英语是"法治"的，因而结构上只要没有出现错误，在一个长句中可以表达许多意思。而汉语则刚好相反，语义是通过字词直接表达的，不同的意思往往通过不同的短句表达出来。

大学英语语法教学必须注意这一事实，使用对比的方法，使学生对汉语和英语之间的差异产生敏感，以加强汉语对英语语法学习的正迁移作用，从而加速学生英语学习的进程，提高学习效率。

（三）文化关联原则

语言是文化的载体，是文化的重要表现形式，每一种语言都与某一特定的文化相对应。英语语法教学必须联系英语国家的文化、背景以及历史，把英语还原到当时的语境中，帮助学生理解和记忆，使学生获得广博的文化知识和扎实的专业知识。只有坚持文化关联原则，才不会让学生学习语法时感到困惑，才能够帮助学生正确使用语法。

（四）适度紧张原则

教师在讲解语法知识之后，通常会让学生做练习，可以是口头练习，也可以是习题集训练。教师应该把练习活动安排好，使学生适度紧张，具有一定的紧迫感。

（五）交际性原则

语言是为交际服务的，真正的语言能力是在交际活动中培养出来的，因此在大学英语语法教学中应体现出交际的成分，教师鼓励学生说英语，让学生在口语练习中进行锻炼。

（六）实用性原则

实用性原则是指大学英语语法教学应以服务于实际应用为出发点，不求面面俱到，但要重点突出。这就要求教师在语法教学过程中详略得当，有主有次，对于诸如语态、虚拟语气、主从复合句等常用语法项目应结合课文和课后练习，进行系统讲解和课内外交际训练。

教师在语法教学中坚持实用性原则，不仅可以做到对重点语法分项目、分步骤进行，还可以合理分配教学时间，在有限的授课时间提高学生的英语水平。

（七）针对性原则

针对性原则是指针对学生的语法薄弱环节有的放矢地开展教学。班级和班级的水平不同，即便是同一个班级，学生的水平也不一样。

对于语法基础好的班级，教师不必按照"讲解—操练—交互活动—针对性讲解"的顺序，可直接进行巩固性交互活动。

对于语法基础薄弱的班级，教师首先要弄清楚大多数学生的语法基础，然后对普遍性的语法难点进行集中讲授，对个别严重语法问题个别处理，如指定参考书目、增加答疑时间等。

（八）情境性原则

情境性原则就是在大学英语语法教学中运用情境教学，提高语法教学的有效性。在语法教学中，情境非常重要，语法的形式、意义和语用功能都能通过情境显现出来。大学英语语法教学应尽可能多地为学生创造真实语境。情境认知理论认为知识是个体依据自身经验建构意义的结果，实际情境与学生生活相关，利于激发学生学习的积极性，促进学生把课堂所学运用到实际生活中，提升语法运用的有效性。克拉申的输入假说强调有效输入是学生可理解的、学生所感兴趣的和与学生有紧密联系的。在实际情境下的语法输入恰好符合以上条件,因此在实际情境下的语法输入是有效的。对于实际情境,轻松愉悦的氛围让学生不会感到焦虑,学习动机也较强。并且对于与实际相关的事物,学生有话可说,自信心也较强。因此情境教学法对学生的语法学习有积极意义,实际情境在促进学生语法理解和运用方面有积极作用。

相较于话题情境,实际情境更能提升语法教学的有效性。实际情境以学生的真实生活为基础,更容易激发学生学习语法的积极性。

在英语语法教学中有很多创设情境的方式,如图画、游戏、角色扮演、故事等,但是在创造性输出阶段使用故事来创造情境,最能提升语法教学的有效性。故事容易使学生产生新鲜感和好奇心。语篇是语言在实际语境中的应用,是语言作为意义的具体体现形式。在故事语篇中,语法的形式、意义和用法可以很好地融合,使学生在故事中理解和体会语法,从而更好地使用语法。

第三节 应用语言学指导下的大学英语语法教学策略

一、应用语言学指导下的大学英语语法教学启示

(一)关注语言差异

母语负迁移归根到底是因为学生已经拥有熟练使用一门语言的能力,并且习惯用母语的思维去思考问题。在日常的英语教学中,教师应该有针对性地向学生强调语法规则中容易混淆的知识点,并突出练习,注意对比语言之间的差异性。

在英语语法教学中,首先,教师应对比两种语言的差异,并将其带入单词和句子的分析中,潜移默化地向学生展示英语和其他语言在语言规则和知识体系方面的异同,使学生在日常学习英语的过程中形成基本的意识,即语言在语法结构上的不同。

其次,教师应该有策略地指导学生归纳和对比英语和其他语言在各个方面的差异,为语法的讲解奠定基础。教师将错误类型分别整理归类,在学生有一个全面大体的了解后,可以在日后的学习和使用中注意。只有在日常学习中注意对比总结英语和其他语言在各方面的差异,勤于归纳和应用,才能在语法学习中摆脱母语负迁移的困扰。

（二）强化英语的输入和输出

国内的英语学习普遍缺少实际的语言环境，导致英语学习仅仅局限于课堂和课本。在接触不到原汁原味的英语的条件下，学生在课堂上照本宣科地接受教师的单一输入是远远不够的，同时对培养学生的核心素养也不利。为了鼓励学生输入多样化、本土化的英语，教师可以引领学生阅读课外读物，甚至是儿童读物，在原汁原味的英语中学习语法知识和应用，使英语语法的输入不再单一乏味，提高学生英语学习的主动性。

在强化语言输入的同时，更要突出对英语语言的输出。学生在课堂上一味地接受，而没有自己加工并输出的过程，会导致英语语法教学形式化，造成英语语法教学传统模式固定，难以创新和突破。

因此在应用语言学指导下，当代英语教师应该敢于突破原有形态，重视并加强学生的输出。针对学生的语法输出，教师可采用多样的方法，如口语、写作等方式让学生应用语法，在巩固学生所学知识的同时也锻炼了学生的思考能力。

（三）夯实英语基本功

学生在学习语法的过程中出现错误的重要原因之一是基本功不扎实，学生对基本语法点掌握也不够准确扎实，因此教师在日常的语法教学中，要关注基本语法规则，让语法课堂教学变得丰富且充实。

教师应该加大监督力度，严谨把关，确保每个学生熟练掌握基本语法规则。教师可以采用丰富多样的考核方式，如比分竞争、小组考核、连坐制度等，让学生多次练习并巩固基本语法规则。在练习各种语法时，教师应时刻关注学生对词汇和短语的复习情况，循序渐进，由浅入深，逐渐加大难度练习语法。

（四）端正英语学习态度

学生的态度是学习的前提和基础，态度决定成败。

学生应端正对语法学习的态度，正视困难，同时也应主动面对自己的错误，理智分析错误出现的类型和原因，规避下一次出现同样的错误。

对教师而言，应及时发现学习态度不端正、学习成绩下滑的学生，主动找学生谈话，分析其原因，帮助学生更好地进步。

二、应用语言学指导下的大学英语语法教学方法及策略

（一）语境化语法教学

将语境理论应用于语法教学即语境化语法教学，其对学生的语法学习有积极影响，激发学生对语法学习的兴趣。将语境理论应用于语法教学后，更多的学生认识到语法学习的必要性，在提升学生综合语言运用能力方面有着重要作用。

实施语境化语法教学，能够增强英语语法课堂教学的吸引力，这样学生才能专心听讲，参与互动，课下积极完成教师布置的语法作业，增强对语法学习的信心，激发学习的兴趣。

运用语境化语法教学，学生倾向于使用更有效的方法来学习语法。将语境理论应用于语法教学后，学生采用在语境中学习和记忆语法知识的方法，领悟语法形式在不同语境下的使用、意义以及同一语境下可选择的不同语法形式，将语法形式、意义和功能结合起来达到语法学习目的。学生在日常学习中能够利用英语读物、视频等多种媒介来学习语法，总结语法知识并有意识地应用，从而提高英语读写水平。在进行口语表达时，学生能够依据语境准确运用所学的语法知识，提高语法能力、口语能力和交际能力。遇到问题时学生能够经常与教师交流，反思自己的学习，提高英语成绩。

为了更好地实施语境化语法教学，取得更好的语法教学效果，可以采取如下策略。

①教师在进行语境化语法教学时要合理选择、创设和运用语境。教师要依据教学目标要求、学生的需求和认知水平选择学生感兴趣且易于接受的语境来进行教学设计，更充分地发挥语境的功能。教师引导学生在真实的语境中接触语言，总结语法规则，然后在语境下以听、说、读、写的活动应用所学语法知识。语法知识要与语境下的文本内容契合，因此要注意创设多样化和具有对比性的语境，以便让教师引导学生体会和应用语法形式在不同语境下的使用及意义、同一语境下可选择的不同语法形式。语境的选择要避免形式化和流于表面，教师要善于运用教学方法，引导学生增强语境意识，思考和理解语境中的语法形式、意义及功能。在课堂练习及活动中，教师可以创设生活化的语境，激发学生参与的热情，对语篇文本及语法知识也更易理解、掌握和运用，从而提升语篇分析能力及语法能力，使语法教学取得更好的效果。

②实施语境化语法教学对教师的素养和能力提出了更高的要求。教师要掌握丰富的语境理论知识及有效的使用方法，以提升语法教学效果。教师应充分了解

中西方文化，具备良好的文化意识，只有这样才能更准确地将文化语境应用到语法教学中，发挥文化语境的功能。在良好的氛围中进行语法教学，学生会产生极大的学习兴趣，并且更容易在文化语境中理解讲话人语言表达的形式及意义，有助于掌握所学语法。教师还要对比中西方文化异同及反映的语言习惯、语言规则等差异，帮助学生更好地掌握目标语，抑制母语负迁移的影响。为了创设合理的语境，教师要多积累素材，借助多种渠道获取经典的、形象的、实时的语料，加工改编后作为教学素材使用。为了创设更加形象生动的语境，教师可以充分利用多媒体辅助教学，增强学生的体验感，这就需要教师熟练掌握现代教育技术知识，不断创新教学手段。

③教师在进行语境化语法教学时要以学生为中心，注重学生学习能力和学习策略的培养。教师教导学生学习语境知识，提高语境意识，引导学生在语境中总结语法规则，体会语法意义和功能，充分提高自主学习能力。在交际活动、任务型活动中，要以学生为中心，充分发挥学生的主动性，使学生依据语境选择合适的语法形式表达语义，创造性地输出所学语法知识，教师仅起监管评价的作用。如此能够促进学生交际能力、合作能力以及综合语言运用能力的提高。

（二）微课语法教学法

微课是将一个知识点与相关的各类知识点结合起来集中展示的教学方式。微课教学设计突出主题、教学内容，可以根据学生的掌握程度进行调整，教学模式顺应时代不断发展。同时微课时间短、容量小、资源成本控制得当、融合多种课堂教学方式解决问题。

在进行英语语法微课教学时要遵循如下的原则。

①以学生为中心原则。微课教学的最终目的是帮助学生更好地学习，学生是最终实现用户。因此，教师在设计教学目标时，必须考虑学生的水平和学习兴趣。微课作为提高学生自主学习能力的网络信息技术资源，要达到理想的教学活动效果，必须具备两个重要条件：一是有用，二是有趣。微课教学的设计必须以学生为中心，实现微课教学的价值。

②针对性原则。微课内容简洁，在10分钟内集中学习难点和语法知识。这要求英语教师认真思考微课设计中各方面的影响因素，确定英语语法教学的难点和疑点。微课可以帮助学生解决英语语法学习中的实际问题，提升微课教学的有效性。

③交互性原则。教学过程就是教与学相结合的过程。在微课设计上，不仅可以用纯文本解释，还可以及时添加一些图片、动画、音频等材料，使微课内容更加丰富有趣。在设计微课时，可以加入一些中等难度的问题或探究性问题，让学生进行分析和思考，吸引学生的注意力。

为了更好地实施微课语法教学，取得更好的教学效果，可以采取如下策略。

①培养学生的英语综合能力。教师应加强对微课语法教学的理解，为进行语法教学做好充分准备。微课教学的有效性在很大程度上取决于学生在线和离线学习的课程设计，要把线上教学活动和线下教学活动紧密结合起来。基于微课语法教学的混合式教学模式是一种线上与线下互补的课堂学习模式。上课前，教师利用多媒体进行课堂教学。制作课件时，教师可以使用一些视频材料来吸引学生的注意力。如果学生对某个语法没有完全理解，他们可以进行再次学习和练习，直到熟练掌握。教师在分配给每个班级英语语法任务后，学生可以进入在线自考课程。考试结束时，系统会自动计算学习成绩并报告给学生。线下课堂，教师不再是传统课堂教学实践活动设计的主人，学生成为课堂的焦点。

②为学生营造良好的网络学习环境。随着科技的发展，教育也在不断升级，作为一名合格的教师，不仅要具备专业知识，也要具备信息应用能力。因此，教师不仅要依托网络教育资源，还要与时俱进，学习信息管理技术，熟练运用各种网络教学平台，为实施混合式教学提供强有力的技术支撑。网上广告层出不穷，容易分散学生的注意力。在网络教学活动中，教师可以设置微视频观看记录，查看学生是否正在学习观看视频，并打开屏幕功能，要求学生在屏幕上发送序列号报到，通过设置在线提问功能，获得及时反馈。

③加强与学生之间的互动交流。在基于微课语法教学模式的课堂上，教师应及时转变角色，成为教育活动的组织者和协调者，引导和培养学生独立学习，使学生在课堂中占据主导地位。在课堂教学中，教师可以通过分组，让学生以小组协作的形式完成教学实践活动，并在各组之间展开竞争。

（三）任务型教学法

英国语言学家威利斯（Willis）称任务型教学法是指在语言教学过程中，以设计任务为重点进行规划或教学的方法，并列出了任务执行模式的经典程序性大纲：任务前—任务环—语言聚焦。

英国语言学家、第二语言习得专家罗德·埃利斯（Rod Ellis）提出任务型教学法是在"建构意义"基础之上形成的一种教学方式，通过生活中现实交往的需求以确立课堂上的语言教学目标，教师编排任务计划并引领学生利用小组协作的形式进行自主学习以实现任务目标，随之培养其灵活应用语言的能力。

纽曼又给出相关定义，认为任务型教学法是一种通过完成任务的形式来实现教学目标的授课方法。教师要利用任务贯穿课堂教学，任务是一项课堂作业，教师应根据任务的难易程度，合理设计符合学情的任务型教学模式，要求多人参与，调动学生的积极性，提高学生的语言运用能力。

总之，任务型教学法是交际性语言教学方法的一种新发展，其主要内容是帮助学生完成教师设计的任务，让学生在任务执行中体验语言学习。任务型教学法通过任务开展教学活动，执行任务时，利用参与、感知、互动、沟通、协作的学习方法，最大限度激发学生的积极性。

任务型教学法是一种外语教学模式，教师以任务来组织教学，学生"在做中学，用语言做事"，教师通过引导学生完成任务来进行教学，学生在执行任务的过程中，以参与、体验、互动、合作的学习方式在实践中感知语言。

威利斯的任务设计模式十分经典，广为受用。他根据自己对任务型教学的实验，得出了广为运用的任务型教学实施框架。它有三个主要阶段，即任务前、任务环和语言聚焦。该框架的目的是为语言学生创造一个贴近真实的语言环境，从而调动学生的学习兴趣，增加互助协作和多样化交流，从而提升学生的语言使用流利度和准确度，激发学生的自主学习、合作学习精神。在任务前阶段，教师通过话题导入等形式引入主题，并运用简明的语言公布完成任务的要求，引导学生进行活动。在任务环阶段，学生根据教师发布的任务要求来执行任务，分小组共同合作协商，执行任务。完成后，小组以口头或书面的形式向全班展示，教师和其他同学记录聆听，并与任务的理想完成效果进行对比分析。在语言聚焦阶段，根据学生的任务展示情况，教师进行语言知识的分析和讲解，补充说明信息，对知识进行点拨和纠正。在整个过程中学生都能参与进来，可理解性强。贴近生活的任务设计有利于提升大学生的学习兴趣，为语法教学模式的创新奠定了框架基础。

语法学习的最终目的是帮助学生更好地进行交际，因此语法教学应当融入英语技能教学中，使语法真正为交际服务。对此，教师可以采用任务型教学法讲授语法，这种教学法的特点是以语言形式为中心，可以采取如下两种策略。①隐性任务语法教学。例如，教师在教授形容词、副词的比较级时，可以先向学生提供一个表格，然后让学生就一些食品和烟酒的价格、味道等进行讨论，并鼓励其进行语言输出。学生对于上述问题的回答并没有对错，问题的答案完全取决于学生个人的真实看法。通过这样的方式进行语法教学有利于激发学生的学习兴趣，使学生在思想交流的过程中逐渐将语法规则内化。

②显性任务语法教学，任务的内容通常是语法问题。例如，教师可以将分别写有正确与错误句子的两类卡片发给学生，引导他们通过阅读和讨论选出符合语法规则的正确句子，并总结包含该语法点的语法规则。在进行语法任务教学之前，教师应该通过阅读材料或听力内容向学生展示所要学习的语法点，并布置学习任务，要求学生完成任务。

（四）语感培养法

在语法学习中，语感起着非常重要的作用，其有助于学生正确把握和判断语言。因此，教师在语法教学中要有意识地培养学生的语感，具体可以开展朗读、背诵等活动。教师还要督促学生在课外进行阅读，并随时记录那些优美的句子，最好能背下来。英语教师要想打造高效的英语教学课堂，就必须确保学生在一节英语课程结束之后，掌握英语听、说、读、写、译能力。而其中的读就是指学生的阅读能力。大学英语教材中的英语课文就是学生最好的阅读材料，大学英语教师在引导学生进行语法学习的过程中，可以与英语课文学习相结合，在提高学生英语阅读理解能力的同时，帮助学生发散思维，挖掘学生的英语学习潜能，让学生在潜移默化中丰富自己的英语语法知识。大学英语教师还可以向学生推荐一些优质的英语读物，针对学生的英语学习特点以及兴趣爱好，向学生分享一些题材各异、内容优质的英语报纸、杂志、小说等相关的英语读物，扩大学生的英语阅读范围。学生只有接触到更多的英语阅读素材，才会接触更多的英语语法知识。

英语教师在教学时，通过采取这种方法引导学生进行语法学习，培养学生的英语语感，不仅可以拓宽学生的知识面，还可以帮助学生积累大量的英语语法知识，促进学生英语学科核心素养的培养。只要坚持下去，学生的语法水平就会逐渐提高。

第五章　应用语言学与大学英语听力教学

本章分为大学英语听力教学现状分析、大学英语听力教学的理论阐述以及应用语言学指导下的大学英语听力教学策略三个部分。

第一节　大学英语听力教学现状

一、学校方面

（一）对英语听力教学的重视程度不够

目前一些大学对英语听力教学重视不够，虽然大学强调素质教育，但是很大程度上还是关注学生的考试成绩，在这种教育模式下，英语教学就会脱离语言教学的本质，从而导致英语听力教学背离正常的轨道，学生的实际应用能力较差。

对英语听力教学不重视，直接导致这样一种奇怪的现象：学生能解决试卷上的大部分问题，但不能说或听懂英语。我们需要注意的是，英语是一种语言，所以英语听力教学不应该脱离语言学习的本质，听、说、读、写都是语言学习的基本要素，而听力是第一位的，这说明听力很重要。然而，部分英语教师对听力教学并不重视，再加上教学资源不足，直接导致了英语听力教学效果不理想。

（二）教学时间分配不合理

虽然英语听力在大学英语教学中起着非常重要的作用，但在部分大学中，分配给听力课的时间较少。两次听力课之间的长时间间隔使学生难以积累和保留语言信息，也难以长期保持对英语听力课的兴趣。由于教学时间短，教师为了完成教学任务，就必须进行大量的语言输入。然而，在这个过程中，教师忽略了学生是否能积极接受这种语言输入。长此以往被动地接受这些输入，会让学生失去动力。久而久之，学生对大学英语听力课产生厌倦、抵触情绪，学习积极性不高，英语听力的效果也会大打折扣。

（三）教学模式单一，缺乏不同层次的教学设计

英语作为一门语言学科，需要一定的语言环境，但是在学生的日常学习和生活中缺乏英语语言环境。从学校的角度来说，与听力训练相关的活动较少，如英语角、听力比赛等。所以在英语听力教学中基本上是采取单一的模式：教师放录音、学生做习题，然后订正答案；听力内容以选择题为主，这从严格意义上来说不是开展教学，而是测试训练，其本质上还是应付考试，对学生听力能力的提升帮助不大。

虽然现在很多大学都采用了多媒体教学，但在实际教学过程中，主要是教师讲解语言材料，向学生提供大量的信息，而学生则被动地吸收课程内容。英语听力的教学过程分为三个阶段，即教师播放录音，学生检查他们对题目的回答，教师再次播放录音。在这期间，一些教师只是充当了多媒体的控制者和听力材料的展示者，而没有根据学生的心理变化和特点，对学生在课堂上的态度进行引导和控制，没有开发学生的潜能，没有充分起到引导的作用。

此外，大学里的听力课往往是大班授课，教师一成不变的三步走教学模式很难顾及不同水平的学生不同的听力训练需求，师生之间缺乏情感互动与交流。在机械的教学模式下，水平高的学生会心生倦意，水平低的学生会屡屡受挫，导致不管是什么层次的学生，其学习积极性和主动性都会大打折扣。

在现代英语听力教学中，部分教师过多地关注自己的教学任务，而没有有效地引导和督促学生，忽视了学生对听力材料的大致理解等，甚至不顾目的，机械地播放录音，学生只是听着录音，回答教师的问题，因此学生都会盲目地听。长此以往，教师和学生都会失去动力，从而导致无效教学，大大降低学习效果。

（四）没有明确的学习目的

学习语言也应该有目的性，只有在学生有目的的情况下，听力能力才能得到锻炼。但是，在英语教学中，部分教师没有制订教学计划，也没有明确的教学目标，难以有效地提高学生的英语听力能力。

此外，在不懂英语的情况下听英语，会导致学生产生厌倦，因为很多学生不懂，也不想听。由于没有明确的学习目标，学生在日常学习中开始忽视英语听力练习，产生懒惰的心理。因此，如果忽视了学习目标，英语听力练习就无法实施。

(五)缺乏系统的教学材料

《大学英语教学指南》根据我国现阶段的教育和社会发展现状，将大学英语教学目标分为基础、提高和发展三个层次，并提出各高校在教学实施过程中，应根据实际情况和教学需求，自主选择教学目标。但是，目前部分高校的大学英语教师没有根据分级目标来进行教学。

大学英语教学的分级目标中明确了对语言单项技能的具体要求，在不同层次的大学英语教学中，学生的英语听力理解能力应达到的教学要求也是不同的。在全校各个非英语专业的听力课程中，所使用的听力材料多为统一的听力教材，没有根据具体的专业和学生的差异来选取教材。在听力教学过程中，教师可能会过多地依赖教材，而不会根据学情对教材上的听力内容进行取舍，没有紧密结合当下情况对听力训练材料进行补充，听力材料可能过于老旧，难度可能会不适宜，不是偏难就是较容易，这会对听力训练效果造成不良影响，不利于学生英语听力水平的提升。

总而言之，在我国，英语听力教育的教材设计和选择存在着一些问题。最突出的是缺乏系统的英语听力教学材料，教材没有形成连贯的体系，英语听力和口语一样，必须按照一定的标准进行分类，如新闻、文化、日常生活、交通等。只有根据这些类别进行有针对性的教学，才能有效提高学生的英语听力水平。

教材在教学中发挥着重要作用，直接影响着教学大纲和任务的设计和布局，因为教材是教师开展教学工作的重要依据。好的听力材料不仅能开阔学生的视野，丰富他们的文化知识，提高他们的跨文化交际意识，还能为提高学生的综合能力提供最好的语料和实践活动。然而，目前高校的英语听力材料很长，缺乏多样性和层次性，而且没有跟上社会快速发展的步伐。只有改革英语听力材料，才能从根本上提高学生的英语听力水平。

(六)评价方式单一

评价的重要性在于对教师教学的反馈和学生学习效果的检验。评价方式不仅涉及学生知识与能力的掌握层面，还涉及学生实践能力和运用能力等层面。但在目前的大学英语听力考试机制中，教师大多采用终结性评价而忽视过程性评价，即以将考查语言知识点为主要内容的期末考试为准。

部分教师在大学英语听力教学中过分以测试方式为导向，课堂中主要注重知识点的传递而缺少对学生分析能力和解决问题能力的培养，导致学生学习英语流于表面而实际运用能力不足。学生更多关注的是如何在期末考试中获得高分，而不是如何提升自己的逻辑思维能力、分析判断能力和探索未知世界的能力。评价方式单一，不仅不利于教师创新与改进教学方法，也不利于学生提升自主学习能力和思维能力。

二、学生方面

（一）基本功不扎实

1. 语音知识不足

英语和汉语不属于同一个语系，在语音、语调、词汇和句子结构方面存在着明显的差异。语音知识是提高听、说能力的基础，如果语音知识不足，就很难提高听力能力。常见的语音问题包括"无法理解语音变化（如短语、省略、同化、重音）""对表达说话人的情绪和非语言意义的语调关注不够"。

2. 听力词汇量不足

学生的词汇量是有限的。词汇是听力发展的基本条件之一，对听力的质量有直接影响。如果词汇量不达标，就会直接影响到听力的质量，在听力过程中产生相当大的阻力。教学大纲指出，英语四级词汇量要求4200，六级词汇量要求5500，而大学生在校期间必须通过英语四级考试，因此，大学生词汇量最低要求为4200。然而，由于教学方法存在问题，这一标准通常很难达到。学生在进行听力练习的过程中会遇到很多不知道或者不确定的词汇，这些词汇分散了学生的注意力，使他们难以完全理解和听懂。当学生停下来思考的时候，就难以专注听后面的材料，因此，他们对整个文本的理解就会受到影响。此外，部分学生不理解单词的含义，即使这些单词很熟悉。

词汇是一种语言的基本单位，是语言交流的关键。没有固定的词汇，就无法完全掌握一门语言。词汇获取的数量和质量不仅影响表达思想的能力，还影响感知和理解语言信号的能力。换句话说，英语词汇量对听力理解有直接影响。

除此以外，由于部分学生在学习单词时忽略了正确的发音和用法，而只关注浅显的意思，因此他们的大脑没有收到准确的英语单词发音的刺激。此外，大学英语听力教学实际上是一个跨文化交流的过程。如果学生对英语使用者的表达习惯、想法、生活经验和一般社会规范缺乏相应的了解，就算知道个别词汇的意思，也难以明白整句话想要表达的内容。

我国有相关研究人员从认知心理学层面对学生的内部词汇系统进行了详细研

究，发现词汇的形式和意义储存在学生头脑的不同区域。学生脑海中的英语词汇视觉形象完善，看到一个词就能想起它的含义和在语言表达中的应用，而学生脑海中的听觉形象却不完善，这可能是由于学校方面在英语教学中长期存在重阅读、轻听力理解的现象。学生头脑中的听觉领域基本处于空白状态，所以很难激活学生的听觉语义反应心理，导致学生虽然能够看懂词汇的意思，但听到后很难分辨出含义。

在听力教学中，学生不可能对教师提供的语言信息做出完全正确、及时和有效的反应。在课堂上，教师和学生之间缺乏互动，这降低了教师和学生的积极性，大大削弱了听力课的效果。因此，听力教学应同时兼顾阅读和听力理解能力，逐步完善学生的认知系统，扩大学生的听力词汇量。

3.语法知识不足

语法是对语言规则的系统性汇编。枯燥的语法，加上复杂和难以理解的内容，导致学生因为句子结构而无法理解所听的内容，从而难以获得知识和做出准确的判断。

（二）听力水平有待提升

大学生经过层层选拔，英语水平应该不会太差，但由于各种考试中口语部分的测试不多，大部分学生的英语发音不规范。这使得学生在听的时候难以正确识别声音，也难以理解他们听到的声音。

英语有变音的习惯，经常弱化或简化某些词的发音，以使谈话的意图更加明显，并反映出话语的重点。受近音干扰，学生难以识别主要信息，而仅一词之差也会导致听力上的误解。而且，英式英语和美式英语之间也有明显的发音差异，一些学生认为区别这些发音非常困难。此外，在实际的工作中，学生会面对不同国家的交际对象，其辨音能力与听力素养不足，很难明确对象的意图及表述内容，可能会造成歧义与误解。

（三）学生存在心理障碍

虽然听力是一个主动的、复杂的信息处理过程，但现实中部分教师在听力教育中只注重对语言知识的传授，而忽视了对学生心理素质的培养。如果在听材料的过程中出现困难，学生很容易产生紧张和焦虑的心理。这反过来又会影响听力表现。一些研究表明，即使听力水平相同，不同的心理状态也会导致大约30%的测试结果不同。这种听力过程中的心理障碍不仅影响了学生的听力成绩，而且对学生产生了负面的影响，如自尊心降低、学习动机降低、学习语言的积极性降低等。

（四）难以跟上听力语速

虽然英语教材多为基础教材，听力材料简单，速度合理，但大多数学生在听力练习中仍无法跟上听力速度，主要原因是他们的语音识别和转写能力较弱。有些学生难以理解对话，无法掌握对话的结构或关键词汇。有些学生在短时间内理解说话人的意图的能力较差，花了很多时间在头脑中把英语翻译成中文，并与主题相匹配，结果忘记下一步的内容，错过重要信息，从而削弱了听力能力。

（五）缺乏文化背景知识

英美文化背景知识是英语这门语言的载体，掌握良好的英美文化背景知识对学生提高英语听力很有帮助。如果学生缺乏这方面的知识，他们就不能用中西不同的思维方式来理解听力内容，也就不能在特定的文化背景下准确理解某些内容，在这种情况下，他们在听力过程中就会遇到各种各样的问题。在教学过程中，教师经常会遇到本来是不难理解的听力材料，而且学生普遍能理解字面意思，但他们对这些材料的理解只是肤浅的，无法掌握文本的真正含义和说话人的真实意图。

有相关研究人员从认知心理学的角度研究了学生的英语听力能力，发现影响学生听力能力的因素主要有心理障碍、语言能力障碍和非语言能力障碍，具体包括焦虑、动机、记忆、思维、语音、语调、词汇和背景。由于缺乏背景知识，很大一部分学生（超过84%）的听力能力较差。任何语言都不能脱离它所使用的社会、文化和当代背景，英语也不例外。

在大学英语听力教学中，语言材料的涉及面是非常广泛的。因此，没有英语文化背景的学生就会对听力材料感到陌生，当学生遇到听力材料时，会增加心理和非语言障碍，导致听力水平下降，难以理解材料。

三、教师方面

（一）缺乏科学的指导方法

部分英语教师在英语听、说、读、写教学中使用传统教学方法。虽然这种教学方法可以相对提高学生的英语学习水平，但不可否认的是，有些学生在学习期间无法适应这种教学方法。

在听力教学中，教师对学生的学习缺乏足够的指导，这主要表现在两个方面。

有些教师把听力训练完全等同于考试,在播放之前不向学生提供任何信息,也没有帮助他们理解材料的内容,更没有向他们解释材料中的一些陌生词汇。这不仅给学生造成了心理压力,还增加了学生的挫败感,影响了他们听的积极性和兴趣。

当然,与之相反的,也有一种过度的导向。有些教师在播放材料前给学生提供了太多的背景信息,因为在听之前就了解了听力材料中的词汇、语法和文化背景,所以即使学生不认真听,也能在教师的详细解释下找到正确答案。如果在听之前进行过多的详细指导,英语听力教学就会成为一种形式,学生就会失去学习英语的兴趣。因此,教师应在听力教学中给予适当的指导,充分激发学生的积极性,鼓励他们发挥主动性。

(二)教师素质参差不齐

教授大学听力课程的教师既有中国人也有外国人。随着外教数量的增加,一些外教的教学问题也开始显现出来。部分外教主要是以旅游者的身份来到中国的,他们本身没有足够的教学经验,教学态度不端正,不适合系统地教学。

相比之下,中国教师往往具有积极的教学态度,能够提前规划好教学内容和方法,但目前中国的英语听力教师队伍还不够完善。

(三)教师自身发音不标准

标准的发音是大学听力教学中语音教学的基本要求。目前由外语教学与研究出版社出版的《新视野大学英语视听说教程》第三版教材,采用从英国广播公司(BBC)获得的原始音频频率进行编辑,真实、立体地展现了英语文化。为了更好地传达听力内容和问题的含义,讲师有时会用中文解释这些内容和问题,但这在一定程度上不利于英语作为第二语言的有效传输和表达。其实双语和多语学生所学的多种语言并不是相互分离的,而是相互影响的。第二语言教学就好比一个大型拼图。在这种情况下,听力是多语言的一部分,它是高等教育中英语教学的一个重要组成部分。

作为一名语言教师,其对语言及其文化内涵的了解程度将影响听力教学的效果。在一堂听力课上,英语教师的语言和表达能力将对在场的学生产生积极或消极的影响。学生的语言表达能力将表明教师的语言教学效果。在英语学习过程中,应避免语言转移、干扰和泛化。

在听力教学中,学生对于高频词汇的语言习得和认知过程需要进行持续的训练以克服语言习得的转移。在多语言环境中,要努力克服其他语言对目标语言的干扰，如不同的文化差异、语言使用惯例和搭配习惯。仔细分析材料中蕴含的文化内涵和语言结构，有助于防止习惯性思维模式的干扰和泛化。

（四）听力课堂缺乏新意

由于受传统教学观念的影响，部分英语听力教师在课堂上的互动积极性不高，仍然采用以教师为中心的教学方法，课堂结构简单，导致学生学习听力的积极性不高。

在进行一定程度的听力练习后，大多数学生都会出现听力疲劳的现象。在这段时间里，学生的注意力会从听力内容转移到其他方面，这就降低了听力练习的效果，导致无法实现预期的听力练习。

在听力课上，由于学生对原始材料的不同主题和文化背景缺乏了解，加剧了听力疲劳现象。虽然听力疲劳现象在听力教学中是一种很正常的现象，但教师还是需要深入了解学生的个性和教学的状态，营造良好的氛围，从而吸引学生。英语教师作为指导者，为了提高学生的听力和思维能力，需要在教学过程中监控学生的心理和学习状态，以达到最佳听力效果。教师需要了解学生的个人情绪，对不同的知识和内容点进行反馈，以确定学生的兴趣，监测学生的情绪取向，并提供支持，让学生更好地了解所听材料的知识脉络。

（五）未能有效地进行分级教学

针对接受能力不同、成绩有差异的学生，国家号召各高校施行分级教学模式，该教学模式的根本目的就是实现"以人为本，因材施教"，但由于大学教育的特殊性质，在实际的英语听力教学中，分级教学的效果不尽人意。部分大学英语教师担心此类教学模式会挫伤学生的自尊心，还有教师认为其会增加太多工作量。

因此，一些大学的英语听力教学依然采用统一的教学模式。部分大学的英语听力教学工作虽然施行了分级教学，但却没能将人文关怀理念融入其中，没能从学生的角度出发制定课程和教学任务，对大学生的英语听力学习没有起到积极作用。

（六）英语教师对听力教学的要求理解不够深入

部分教师对教学要求的理解不够深入，还没有充分认识到通过听力教学来提升学生英语能力的重要性，只一味地教授单词和语法，忽视对学生听力能力的培养，以至于忽略对英语听力做详细的教学设计，从而导致英语教师所选择的听力材料不能与教学内容很好地匹配在一起,也不能和学生现阶段的听力能力相适应,降低了听力教学的效率。长此以往,学生的听力能力得不到锻炼,反而让学生从一开始就感觉听不从心,不利于学生对英语学科的学习。

第二节 大学英语听力教学的理论阐述

一、大学英语听力教学的理论基础

(一)交际法教学理论

1. 交际法教学理论的定义

语言教学是一种旨在促进语言学习的活动。为了促进人们对语言的理解,它可以被概括为一种表达、认知以及对所处社会文化的直观把握的活动。出于实际目的,语言学习通常被人们认为是通过不断的实践获得的,而不是通过系统的学习获得的。

在交际法教学理论中,第二语言在社会背景和情境中的体现更为明显。专家始终把听和说放在语言学习的首位,更加强调"说话的好处"和练习技巧的机会。这实际上使语言教学更贴近现实,并使其与学生的母语更加相关。

语言的社会和交际功能是其最重要的功能。人们不仅在语言知识方面需要交流,而且在使用语言的能力方面也需要交流。根据语言学习的交际理论,在整个语言交流过程中,应该强调语言和交流的共存性。交际语言教学的一个特点是,它不仅关注语言的结构,还关注语言的功能。语言学习是一个从功能到形式、从思想到表达的过渡。

母语使用者的语言能力使他们能够以不同的方式发挥说话者和听众的作用。适当的语言使用和直观的语言学习发生在各种互动过程中,与社会环境直接相关。

2. 听力教学中交际法教学的特点

(1)重视对学生交际能力的培养

交际法教学理论强调英语听力教学的目的是培养学生的交际能力,教学内容应满足学生的交际需要。学习英语的目的不仅是通过考试,也是满足某些社会活动。因此,在英语教学中,教师不仅要注重教授零散的词汇、复杂的语法规则和不同的句子形式,还要注重培养学生的语言运用能力。

（2）强调英语听力教学是一个交际的过程

交际法教学理论强调教师和学生在英语教学过程中的互动，强调教学是一种双向活动，是一个教与学互动的过程，教师和学生是彼此教学活动的主体，通过交流信息来实现学生听力能力的发展。最终目标是提高学生的素质，挖掘他们的创造潜力。教与学是对立统一的，在这对矛盾中，双方都要切实提高教育质量，充分调动积极因素，以教促学，以学促教，使整个教育过程处于共振、互动和合作之中。

3. 交际法在大学英语听力教学中的必要性

随着经济全球化进程的加快，学习英语不仅仅是为了获得知识和通过考试，更是为了与外国人直接进行思想交流，这契合了交际法的核心精神，即外语学习的终极目的是交际运用。

就其本质而言，教学是一种典型的交际活动，由相互关联的要素组成：接受者（学生）、教师、要教的内容和教学方法。在进行交际的过程中，信息在教师和接受者之间进行交流和互动。在这个过程中，语言作为一个特定的符号系统，成为传递信息的工具。这里需要强调的是，信息的传递不是一个单向的过程，而是接受者和教师之间的双向互动。互动不仅是信息的传递，也是理解和处理信息的过程。

在英语听力教学过程中，教师以英语作为交流媒介，与学生开展交流活动。在真实的互动情境中，教师和学生可以用英语作为传递信息的工具，共同参与，频繁交流，协调沟通，达成共识，从而达到教学目的、形成互动合作的听力教学氛围。同样，交际法也符合当今大学生的心理特点。大学阶段的学生思维活跃，渴望表达自己。交际法注重教师与学生、学生与学生的互动，充分尊重学生在学习过程中的主体地位，真正把学生看作一个有尊严、有个性、有巨大发展潜力的生命体，并有效地激发学生的学习和探索欲望。

（二）元认知理论

1. 元认知理论的定义

元认知，是对人类认知过程的认识。元认知使人们能够理解、测试、调节和评估他们的学习活动，这在本质上就是自我控制。元认知包括元认知知识、元认知经验和元认知监控，它们相对独立但又密不可分。一些研究表明，元认知知识是基础性的，元认知监测可以在产生新的认知经验的同时受到元认知经验的刺激和指导。调查研究显示，元认知水平较高的学生比元认知水平较低的学生更精通英语听力。因此，利用元认知来提高英语听力水平是一种行之有效的方法。

2. 元认知理论在大学英语听力教学中的必要性

（1）为提高听力水平提供基本保障

随着互联网技术的日益发展，出现了各种学习资源来支持学生的成长和发展。元认知强调要引导认知主体计划、监控和协调其认知活动，独立判断、评价和适应，并完成认知学习过程。因此，学生可以通过判断自己的学习和元认知水平，提高英语听力水平。

（2）提供可以发展听力的空间

利用元认知理论，学生能够对自己的认知过程进行推理和评估，这往往能够唤醒他们内在的学习动机，激发他们的学习潜能，为他们的学习提供足够的发展空间。学生可以根据自己的学习目标、兴趣、能力和学习水平，调整自己对于英语听力学习的节奏，选择更合适的学习资源。

（3）创建反馈渠道

反馈其实就是鼓励学生反思他们的认知过程，丰富他们的元认知经验，促进元认知监控，反过来影响英语听力的学习过程。学生在自我指导和自我反思的基础上参与探索性的学习过程，他们的学习行为主要由他们自己的元认知决定。如果学生能够及时地自我监控和自我纠正他们的认知过程，那么英语听力的学习效果会进一步提高。

二、听力理解的过程及听力模型

（一）听力理解的过程

听力理解是学生对语言的一种认知加工处理过程，在很大程度上依赖人类的听觉系统、对声音的感知、对词汇的识别以及对语法知识的应用。理解就是人们能够懂得语言所要表达的内容，而完全理解是指听者能够对说话人所指在自己大脑中形成清晰的认知的过程。听力理解是一个复杂的过程，要达到较高的听力理解水平，需要持续不断地强化听力训练。

（二）听力模型

1. "自下而上"模型

"自下而上"模型是最早开发的听力模型。这一模型认为听者是从听觉信息的最小单位开始了解声音信息的，也就是人们所学习到的音素。听者听到信息有一个过程，是从音素开始，到词、词组、从句，再到整句直到整个段落的过程，最后形成有意义的信息。这个模型强调交流就是信息的传递。

2. "自上而下"模型

当关于世界的知识可以支配感知时，就会产生"自上而下"模型，它强调的是听者先拥有相关知识，然后再处理信息，而不是简单地对单个音或词进行理解。换句话说，听者在听力训练前不仅有一定的知识结构，还有一定的话语功能。在这种情况下，听者已经有了一定的知识，与未构建知识体系的人相比，这些听者的听力理解水平将会更高。在这种模式中，听是一种以目标为导向的活动，听者只注意必要的内容，只激活与所听文本有关的知识。

3. 交互式模型

交互式模型是一种新型的模式，结合了上述两种模式。目前，英语听力教学往往采用交互式模型。这意味着听者使用他们大脑中已经存在的知识系统来理解他们所听的材料，听者必须识别音素和词汇并使用语法来分析文本，以理解他们所听的材料。在实践中，听力能力较高的学生采用以知识为基础的互动模式来处理听力材料，而听力能力较低的学生则喜欢把注意力放在理解材料上。

三、听力教学各阶段的任务设计

（一）听前阶段

1. 填写听力问卷并分析学生的听力需求

在传统的听力教学中，教师要求学生认真聆听听力材料，并讲解听力技巧和改进策略，但是，很多学生在反复聆听后也不知道该怎么做，所以教师不得不在课堂上花更多时间让学生理解和掌握听力材料，这是很"耗时"的。"耗时且效果不佳"这一直是听力课堂中的一个问题。例如，在英语四级考试中，学生必须听完一个主题的讲话，然后根据自己的理解填空，这是对理解能力和定向能力的考验。有些学生不能快速总结对话的结构，对听力信息的记忆能力差，没有运用相应的技巧和策略，只能凭模糊的记忆回答，导致得分不高。因此，如果学生只是听到了材料，却无法理解和掌握听力材料内容，那么听力教学就无法产生预期的效果。

针对这种情况，教师可以根据应用语言学的理论，利用班级群等网络交流渠道，在课前向学生发放听力材料和问题清单，鼓励学生在课前做准备工作。学生可以复习听力材料并完成听力问题。当然，这与平时听力考试中经常出现的选择题不同，这种听力题要求学生写出听力材料的主要观点，如"这段话的主要观点是什么"，并提出开放式的问题"您对对话有什么看法"，所有这些都涉及对材料的总结，需要学生用词语来表达材料的主旨。这种听力问卷旨在帮助学生聆听和理解听力材料，表达材料的主旨，并根据他们的总体听力情况筛选信息。完成的听力问卷在上课前会被送到教师那里进行检查。教师从听力问卷中分析学生的问题，如对听力问题的主旨概括不完整、语言表达不清楚、对听力信息的理解有问题等。教师在课前分析学生的听力需求，调整教学方案，将完成的听力试卷张贴在教室里，鼓励学生养成课前准备的习惯。英语听力训练是学习英语的重要组成部分，能为今后的工作乃至终身学习打下良好的基础。

2.指导学生制订完善的听力学习计划

应用语言学认为目标是指导教学任务的关键，因此在英语听力学习中，学生一定要明确学习的目标。教师在实际教学过程中，应当根据每个学生的实际学习特点和学习兴趣帮助学生制订切实可行的学习计划，并结合课程教学内容的实际需要对教学目标进行细分设计，确保教学活动的有效性以及学生学习的可操作性。

除此之外，在具体的教学过程中，针对英语学习基础相对较差的学生群体，教师应当从英语基础朗读和听力训练着手，让学生在短期内进行高强度的练习，保障学生掌握基本的英语发音和听力技巧，以此为听力教学活动的深入开展奠定良好的基础。针对学习基础扎实的学生，则应当通过多样化的课后听力学习活动进一步发展学生的听力能力，让学生长期在良好的语言学习环境中循序渐进地提高英语听力综合技能。

（二）听中阶段

1.培养学生自主学习与管理的意识

在大学英语听力教学过程中，学生往往会遇到各种各样的学习问题与困难。例如，学习注意力难以集中、听力学习缺乏科学的方法等。在基于应用语言学研究的听力教学过程中，教师应当为学生提供自我管理和监控的策略，为学生更好地进行课堂学习和自我管理提供意见与建议。在具体教学过程中，首先，教师要指导学生提高注意力。由于每个学生在注意力高度集中的状态下，每八秒钟左右就会出现一秒钟注意力分散的情况，教师在指导学生进行自我管理时就要将学生的关注重点放在英语听力的关键词句上，最大限度提高学生的注意力。其次，在学生进行英语听力学习时，教师应当引导学生着重把握文章的整体结构和脉络，将一些常用的梳理文章脉络的方法渗透到日常学习活动中，为学生自主学习能力的提高指明方向。

2. 强化学生预测能力的发展

相较于初高中阶段的英语听力学习，大学英语听力内容的语速相对较快，学生在短时间内难以准确地获取大量的有用信息。在实践教学过程中，教师除了要指导学生学会理解关键词句之外，同时也要对学生听力学习时的预测能力进行有针对性的培养。这种预测能力就是在学生进行听力学习的过程中利用已有的知识经验和已获取的听力信息对后面的学习内容进行有效的预测，从而通过科学的联想获取更多的听力信息。为此，教师在日常的听力教学过程中要针对学生的这种预测能力进行系统的培养，使学生通过长期的学习和锻炼形成一种应激反应，在进行具体的英语听力学习时养成预测的学习习惯，提升英语听力学习的有效性。

3. 培养学生自我监控的能力

培养学生的监控能力也是至关重要的。在日常听力学习过程中，学生难免会出现大脑一片空白的状况，针对这种学习注意力难以集中的学习状态，教师应当指导学生及时调整学习心理和学习心态。在遇到外界影响因素或者听到陌生词汇及短句时避免长时间纠结于此，导致后面大篇幅的听力内容难以理解。

在实际的学习过程中，教师可以为学生提供一些自我监控的策略，保障学生在听力学习的过程中能够对自己的学习过程进行有效的监控，在遇到困难时暂时跳过，保证后续听力学习活动的有效性。除此之外，在实际教学过程中，教师可以指导学生学会一些速记技巧，例如，记下听力语篇中的关键词等，采用标注等学习方式提高英语听力学习的效果。

（三）听后阶段

1. 总结听力技巧和策略

在听力结束时，教师可要求学生在"听后总结"中写下他们对听力练习的体验和感受。这有助于学生在听力练习后养成自我纠正和反思的习惯。如果每天都这样做，并进行有针对性的练习，就可以建立一个个性化的听力学习档案，学生的听力技能就可以得到提高。

教师还可以利用互联网，在线回答学生的听力问题，还可以利用课外时间为学生提供视频和音频资源，并与学生进行讨论，进一步提高英语听力能力。学生可以在宿舍里组成听力学习小组，参与交叉听写听力材料、单词重读和课后重读等活动，通过各种课后复习，内化并掌握课上所学的听力技巧和策略。

2. 与学生及时沟通，分析问题成因

通过总结和梳理，学生在实践中可以自主地发现自身在听力学习过程中的问题与不足。但是，由于自身学习能力的局限性，学生很难通过自主分析发现问题，进而影响学习效果。因此，在学生进行自我总结和评价之后，教师要针对学生在听力学习过程中存在的问题，进行深度的原因剖析，帮助学生找出影响听力学习的因素。例如，听力学习过程中不会针对性地获取关键词、没有掌握良好的速记方法等。这些深层次的原因分析，基于学生与教师之间的深度沟通和交流。教师通过教学引导，帮助学生提高听力学习的质量和效率，科学地指引学生学会发现问题、解决问题，循序渐进地增强学生英语听力学习的自信心，提高听力教学质量。

3. 指导学生养成良好的自主学习习惯

在大学英语听力教学过程中，部分教师采用讲授型教学方式，听力学习内容也是教师根据教学任务设计的，学生在整个学习过程中自主学习的能力和意识都相对较弱。因此，教师要针对学生的实际学习需要指引学生养成良好的学习习惯。应用语言学相关理论在实践中的应用能够增强学生学习的计划性，起到管理和监控学生知识掌握情况的作用。

第三节　应用语言学指导下的大学英语听力教学策略

大学英语听力过程不单是一个接收信息的过程，还是一个复杂的综合性过程。利用应用语言学研究成果来协助教学，可以明确教学和练习听力的目的性，增强有效性，提升教和学的效果。在教学过程中从应用语言学的角度去研究、探索听力理解过程中的活动规律，可以进一步提高听力教学质量，从而达到真正帮助学生提高听力水平的目的。

一、应用语言学指导下学校方面的应对策略

（一）灌输正确的学习理念

从应用语言学的研究视角来看，理念是重中之重，因此，向学生灌输正确的学习理念是尤为重要的。学习英语是一个漫长的积累过程，在短时间内强化英语

听力可能是不现实的,虽然可能能够应付考试,但不能真正提高英语语言的实际应用能力。同时,应该认识到,提高语言能力的过程实际上是一个螺旋式上升的过程,在学习英语的漫长过程中,一些学生很难意识到自己所处的位置,看不到自己的进步。

应该让学生明白,英语的学习是归纳性的,而不是演绎性的。大学生经常通过背诵单词来学习英语,通过听句子来练习听力。有些学生每天背诵几百个单词,这些方法看似有效,实际上是无效的。这种方法的逻辑是,一旦记住了一个单词,就知道了它的中文意思,然后就认为自己已经掌握了它。但是词语在语言中不是孤立存在的,而是有共存的词语和语境的,这种现象在听力中尤为突出。很多情况下我们好像能听懂每一个单词,但是连成完整的句子、对话、文章就不明白了。就像一棵树,单词是树干,它的对应物是树枝和树叶,而背景是根。词汇必须放到具体的句子、语境当中进行学习。利用"陀螺仪法",当我们通过大量阅读来学习一个单词时,我们会反复体验这个单词在不同语境中的使用方法,最终提高学习效果。

(二)创造学习环境

应用语言学强调听力问题只能通过听来解决,听力问题永远无法通过阅读来解决。因此,听力教学必须使用英语语言为学生创造英语环境。多年来,许多教师一直使用传统的方法进行教学,未能完全摆脱以考试为导向的教学的束缚。

尽管在英语环境中进行英语听力教学有利于提高学生的英语表现能力,但部分教师还是喜欢用中文进行英语教学。一节课下来,基本上只有在播放英语听力材料时才听得到英文。对于学校来说,创造良好的英语环境对于教师教学以及学生学习英语听力都是很有帮助的。就像学习开车需要坐在车里,或者下水学习游泳一样,因此,想要提高英语听力教学的效果,创造英语的学习环境是至关重要的。

(三)依托丰富的网络资源鼓励学生多听多练

听力词汇是提升学生听力技能的基础,也是学生实现专业发展的关键。需要注意的是,这里所说的听力词汇不是传统意义的阅读词汇量,也不是学生可以识读的词汇量,而是学生可以听其音、知其义的词汇量。为解决目前大学学生听力词汇基础薄弱的问题,建议学校利用其丰富的网络资源,帮助教师利用多元化的方式鼓励学生多听多练。

①在课堂上强化听力活动,根据"可理解性假设",选择学生容易理解且超过其现有听力水平的听力材料,避免以单一音频的形式呈现听力材料,利用英语

动画片、电影和纪录片等来促进听力技能的提高。教师让学生在课堂上复述听力材料，制作问题支架、多媒体支架和思维导图支架，在小组中解释和澄清不熟悉的单词，让学生自己看材料并展开分析讨论，然后在教师的指导下逐步理解单词的意思和发音。学生不断地听听力材料，听力资料中的词汇读音持续对学生的大脑产生刺激，使学生形成了与发音、词汇和句子相应的自动认知结构，丰富了听力词汇量。

②教师利用在线学习平台，为学生提供高质量的听力材料。课外自主听力教学以泛听为主，难以把握重点，一开始学生将重点放在分辨每个词汇的含义上，但随着听力水平的提高，学生自然会掌握词汇的含义，具有较强的语言理解力。

（四）合理选择听力教学材料

现阶段，许多非英语专业的大学生听力课时分配较少，但是听力教材每单元内容又比较多。一些教师希望在有限的时间内输入尽可能多的语言信息，但没有考虑到学生目前的学习水平与要输入的语言信息之间的差异。教师在很长一段时间内向学生输入大量复杂的语言信息，会使学生产生挫败感，难以提高听力能力，从而失去学习的动力。因此，学校应该提供给教师和学生更贴合教学实际的听力教学教材。这样在实践中，教师可以灵活运用学习材料，选择与学生的生活状况相关的听力材料。输入的内容越有趣，越接近学生的日常生活，学生的积极性就越高，语言学习的效果就越好。换言之，充分的、可理解的输入可以促进有效的、可理解的结果，这也是语言教学的目标。

在英语教学实践中，部分教师对听力教学不够重视，即使有的教师认识到了听力教学的重要性，但听力材料仅限于课本配套的听力材料和补充练习中的听力材料，系统而丰富的听力教学缺乏强有力的支撑，使听力教学成为无源之水、无本之木，没有得到应有的重视。因此学校要提供丰富的听力材料，使教师有更多选择，当然，这也是改进教学的有效手段。

（五）运用信息技术，调动学生的积极性

随着信息技术的发展，现代信息技术，特别是多媒体，在教育中得到了广泛的应用。使用现代教学方法可以改进传统的教学方法，改革传统的教学形式，调动学生的参与积极性。大学英语听力教学也不例外，在听力教学中合理有效地运用信息技术，对于营造良好和谐的课堂氛围，吸引学生的注意力，调动学生听课的积极性，都能起到重要作用。

教师可以找一些通俗易懂的英文纪录片或电影。一方面能够颠覆学生对枯燥

乏味的听力理论知识和题海战术等训练的印象，让学生对听力教学方式有一个新的认知；另一方面能够让学生通过电影或短片对国外的文化以及语言知识产生认识。教师可以将句式、语法等以更加直观的方式呈现给学生，让学生能够很好地集中注意力，将自身的情况投入纪录片或电影当中。教师通过对纪录片或电影中的角色所处的情境以及所进行的对话进行分析，使学生自主地对语法知识进行探索，观察在特定的情况下该怎样正确地对过去完成时、现在进行时、现在完成时等语法进行应用。通过使用多媒体等教学工具，不仅可以提高学生的学习兴趣，还可以让学生劳逸结合。

在听力教学中，应利用信息技术来选择与教学内容相适应的英语材料。例如，在讲授天气预报时，教师可以向学生播放天气预报的听力材料，此时，学生不仅听到了音频材料，还看到了卫星图像传递的天气预报视频。这同时刺激了多种感官，娱乐了身心。

信息技术同样可以被用于英语教材的开发。在英语教学领域，"网上英语课"和"空中英语课"的普及为英语教学创造了非常有利的条件。教师应选择与学生水平相当的英语短篇故事，语音和语调要规范，节奏要快慢适当，符合学生的特点。当然，在听之前教师最好让学生熟悉与材料内容有关的背景知识，以及可能妨碍理解的词汇。以这种方式听故事可以帮助学生扩充词汇量，提高学生的听力能力。

（七）搭建第二课堂，提倡个性化学习

在互联网快速发展的今天，高校应抓住机遇，通过大数据、云计算等现代信息技术积极搭建第二课堂，实现课内课外、线上线下相结合的教学模式。由于学生家庭背景、经历和性格等不同，造成学生英语水平和思辨能力水平参差不齐。为实现教学效果最优化，满足不同学生的教学需求，教师可利用网络数字化课程资源，如慕课、微课、短视频等，根据课程特点和学生自身的英语水平设计第二课堂，实现学生的个性化学习，拓宽学生学习的广度和深度，提高学生学习的积极性。同时教师加强对数字资源的管理与反馈，及时在线参与学生的互动交流，针对不同学生的问题与困惑及时提供应对方法。例如，在大学英语听力教学中，教师课前在数字平台布置预习背景知识等任务，课中针对学生的问题现场解答，课后通过调查问卷、作业、讨论、开放性问题等形式检查学生对知识的掌握程度。搭建第二课堂，不仅丰富了学生学习的途径，提升了自主学习能力，同时也使学生在根据自身需求进行个性化学习的过程中培养了思辨能力。

二、应用语言学指导下学生方面的应对策略

（一）随时记录听力重点信息

学生可以通过听和做笔记来学习。事实表明，在日常学习中，学生可能能够了解听力材料的大体内容，但无法记住。在播放听力材料的过程中，学生可能从头到尾都能听懂，但是听到后面就会忘记前面的内容，就会出现"听前忘后"的现象。因此，为了准确理解听力材料的内容，有必要重点练习记笔记的技巧，要求学生在听录音时记录、总结和分析材料所给的关键信息，如时间、地点、人物、原因和结论等。

（二）根据语境预测联想

学生可以进行主动推测，即由大脑中的记忆系统储存对周围世界的常识性认知来确定和预测说话者在说什么。学生积极地参与预测、推理、总结和概括等活动，从他们听到的声音中获取线索，并利用各种相关的背景知识和他们已经掌握的认知策略来理解说话者的语言。说话者的真实意图往往隐含在话语中，这就要求我们根据文本意义的背景进行推断。通过推断熟悉听力材料，了解话语的重点和整体含义，并能区别对待，说出不同意见。学生可以通过熟悉材料、区分主要信息和次要信息、消除冗余信息和理解关键词来有效提高听力能力。

（三）采用精听和泛听的形式

提高听力能力是一个长期的、渐进的过程，就像逆水行舟。有必要坚持听力练习，每天留出一定的时间。根据学生的实际情况，每天练习听力的时间不宜过长，30分钟就可以了，而且要对听力练习的过程给予应有的重视。可以根据材料的性质和话语的难度，采用精听或泛听的形式，即把部分内容用于精听，其余内容用于泛听。也可以在每篇文章中交替使用精听和泛听，例如，精听文章中的材料，泛听文章附带的英语材料。精听和泛听相结合，有利于学生增加英语语言信息的输入，不断提高自身的听力理解能力。

三、应用语言学指导下教师方面的应对策略

（一）注重丰富学生的文化背景知识

语言与社会文化和历史背景是密不可分的，在不同的时期和不同的文化背景下，英语国家人们的语言表达习惯存在着明显的差异，英语也随着时间的推移不断发展变化，因此要让学生形成"与时俱进"的观念，使其对不同时期和背景下

的听力材料都能够理解。教师需要更多地重视通过渗透背景知识来教授听力技能。教师应在听力教学中融入文化教育的元素，以提高学生的听力水平，加强对学生专业技能的培养。

首先，教师可以帮助学生利用空闲时间阅读英文文献，观看英文电影和纪录片，听英文歌曲等。通过这种方式，教师能够帮助学生从不同维度、不同层次的英语中获取文化信息，从而帮助他们了解英语思维、文化背景、交流禁忌和风俗习惯。同时，教会学生主动提高听力水平，在平时的听力中积累英语口语形式和俚语，并整合同一单词在不同语境和文化中的不同发音。

其次，教师要加强听力训练的教学活动。除了机械的听力教学外，教师可以开展重读、抄写、听写和填空等活动，使学生在对听力材料整体结构进行宏观调控的基础上，集中精力提炼重要信息。能听其音而知其意，提高学生的即时听觉能力，避免学生听不懂。将听力内容翻译成中文并进行讲述，可以提高学生的专业技能。

最后，教师需要进行有针对性的教学和培训，全面评估学生的听力水平，及时发现学生的差距和不足，让学生在校期间学习专业技能，提高听力水平。

（二）丰富课堂教学设计以及教学内容

目前，部分大学英语听力课仍然采用三步教学法：教师播放录音，学生检查自己的答案，教师再次播放录音。这种简单、机械的教学方法造成教师和学生之间缺乏互动和交流，降低了学生的学习热情和参与度，使听课效果大打折扣。

在计划一堂课时，教师应在听前、听中和听后三个阶段设计教学内容。在播放听力录音之前，教师应引导学生激活他们大脑中的相关知识。根据要听的材料，教师可能要扮演足够重要的角色，作为学习活动的主持者、组织者或管理者。教师应该在听之前提供给学生一份词汇清单，提供相关的文化知识，帮助学生了解材料，并帮助他们预测将要听到的内容。这不仅激发了学生对听力练习的兴趣，还消除了在听力练习中会遇到的障碍，使学生建立了自信心，减少了听力前的焦虑。教师还应教学生在听的过程中做笔记并写下关键信息，如数字、人名和地名等，以培养他们在听的过程中捕捉关键词、理解文章的主旨和推断说话者的意图的能力。听完后，教师耐心讲解，帮助学生理解听力材料，并反复听困难语句。教师组织学生复述或总结他们所听到的内容，以增加相关知识的积累。

抓好语音教学。熟悉语音是学生听力的基础，教师要从基本的单词发音着手，逐步使学生掌握音节、语调、重读、弱读、连读、爆破音、不完全爆破等发音规律,这样学生在进行听力的过程中其辨音和以音辨义的能力就会逐步提高,从而准确把握听力内容。

重视课堂英语教学。在英语学习中学生面临的问题之一就是缺乏相应的语言环境,所以部分教师担心学生基础不太好,在教学中往往把英语、汉语糅杂其中;而学生回答问题时还出现汉语表达,这对学生英语听力能力的培养非常不利。英语教师要有意识地规避这样的教学行为,也要规范学生的口语表达,鼓励学生用英语表达和交流,并且针对学生出现的小问题及时进行指导,从而逐步提升学生的听力水平。

重视语境和知识体系的构建。英语作为一门语言,是文化的载体,而文化又受到其语言背景的影响,所以学生提升听力水平的重要条件是对必要语境进行了解。这需要教师引导学生由课内走向课外,通过多种路径了解其他国家尤其是英语国家的相关情况,从而深入理解听力材料所要传递的内容。而词汇则是英语学习的基础,更是英语听力的基础,教师要引导学生减少对词汇、短语的机械性记忆,要准确把握其词义与发音,同时适当扩大词汇量,提高学生听力的准确度。

(三)注重层次训练,促进学生整体提高

教师应坚持"以学生为中心"的原则。由于不同的学生有不同的背景和不同的听力能力,教师不应进行"一刀切",而应按照学生的差异进行分层和个性化的教学。学生的听力教学,既要体现层次性,又要体现差异性,即不同层次的学生的听力教学材料要有难度差异。对于基础较好的学生,可以提供较难的听力材料;而对于基础一般或较差的学生,可以对其进行相应的训练,播放一些较容易的材料,以增强学生学习的信心,使其更加愉快地学习,从而消除他们的自卑感,激励他们主动学习。

(四)给予积极有效的课堂评价,创设良好的教学氛围

语言焦虑和语言学习是成反比的,较低的焦虑会导致较高的语言学习水平,较高的焦虑会导致较低的语言学习水平。和谐的课堂环境可以有效降低学生的焦虑水平。在大学英语听力课上,一些学生因为害怕犯错而不敢表达自己的想法,而部分教师每次都很直接地指出错误和问题。久而久之,教师频繁地纠正错误,使学生面对输入的听力材料产生恐惧,无法达到预期的学习效果。

从长远来看,被动接受学习任务会让学生产生抵触情绪,降低大学英语听力课的语言输入效果。在实践中,教师应该表扬和肯定学生,而不是直接纠正他们的错误,这样学生就会感到更加自信,减少对英语听力学习的焦虑。教师可通过

在课前播放舒缓的音乐，为学生展现与听力材料有关的图像、影视资料等方式，创设轻松的教学氛围。此外教师还应积极探索对课堂角色的转换，将传统教学模式下以教师为中心的课堂，转变为现代化教学模式下以学生为中心的课堂，发挥学生的主体作用，缓解学生的学习焦虑，激发学生的学习兴趣，获得理想的教学效果。

这要求教师在平时加强对先进教学理念、教学方法的学习，将其广泛应用于课堂，同时还应不断探索与英语听力学科有关的新知识，拓宽自己的视野，丰富自己的知识储备，将源源不断的新知识带入课堂，为学生带来学习英语听力的新鲜感，鼓励学生积极发言，说出自己对课堂知识的所思、所感，进而实现对良好课堂教学氛围的构建。

有效的课堂评估是成功教学的基础。学生受到教师积极评价的鼓励，有了成就感和满足感，他们的焦虑感消失了，自信心增强了，学习兴趣明显提高，积极参与到课程中，提高听力能力。

（五）引导学生合理调节听力训练的情绪

在学习过程中，教师需要监控学生的情绪，确保听力训练有节奏。一位研究者认为，"学生的情绪因素过滤了他们所获得的语言材料，使其变得无效"。反之亦然：如果学习过程没有受到情绪因素的干扰，学生就能很容易地获得他们的"语言技能"，并更有动力去学习。因此，教师需要在教学过程中关注学生的情绪。

在学习英语听力时，没有接受过详细指导的学生，很可能抵制英语听力。这种恐惧使学生对英语听力更加谨慎，更加依赖听力训练结果。如果学生没有得到他们想要的结果，他们就会紧张和焦虑，这会使他们对未来的英语考试加倍紧张，影响他们未来的学习。因此，教师需要在教学过程中管理学生的情绪，帮助他们在不紧张的情况下掌握学习的节奏。例如，教师在教学过程中，首先可以经常给学生进行心理暗示，如告诉他们"听力训练并不难，只要长期练习就能学会"等。其次，当学生在训练中感到疲惫时，教师要及时注意到他们内心的负面情绪，可以让学生通过深呼吸来化解。

（六）激发学生听的兴趣，增强听的动力

兴趣是最好的教师，不管在哪个学习阶段，兴趣都是维持学生长期学习的动力之一，如果学生没有学习的动力和渴望，就容易对学习产生厌烦。因此，在教学过程中，首先，教师要激发学生学习英语听力的兴趣，让他们积极投入听力学习中。其次，教师要创新教学方式，可以在课上播放英文歌曲或观看英文电影等，

以激发学生练习英语听力的热情。当然，除了听和说的练习，教师还可以创造适当的学习情境来激发学生学习英语听力的兴趣。总而言之，教师可以使用各种手段来激发学生的兴趣，鼓励学生更积极地进行英语听力练习。

（七）训练学生的基本语言技能与记忆力

虽然英语听力在某种程度上是独立的，但它不能与词汇和阅读分开。更具体地说，只有当学生拥有良好的词汇量并能阅读较长的文章时，他们才能理解听力内容并做出适当的反应。教师需要加强英语文化背景知识的教学，以不断训练学生的基本语言技能和记忆力。

第一，教师应让学生感受到英语学习环境的重要性，并让学生了解英语文化背景。学习一种语言的最好方法是让自己沉浸在这种语言的环境中。第二，教师一定要让学生认识单词，记住单词的含义。英语听力也是对学生的一种词汇测试。在英语听力练习过程中，许多发音相同的单词给学生带来了很大的困扰，因此，教师需要找出每个单词的细微差别，并为其搭配意思相近的单词，使学生能够更好地理解英语听力的内容。第三，教师要让学生重视对句子的理解。语境在英语听力练习中非常重要。由于不同的词有不同的语境，因此有必要区分句子的主语、谓语和宾语，并了解每个代词所指的内容。教师需要全面提高学生的阅读水平，不仅要确保学生理解每个句子的含义，还要让他们在最短的时间内听懂并分析整个文本。第四，教师可以通过帮助学生分解听力材料来进一步加深他们的理解，这样他们就可以根据听到的关键词汇来分析文本中的时间、因果和目的关系。

（八）重视听力技巧，指导学生的听力学习策略

大学英语听力需要教师重视和创新教学方法，需要调动学生的积极性，因此，教师需要教授适当的听力技巧，以帮助学生更好地学习。

首先，在听英语时，学生需要在听前、听中和听后学习不同的技巧。教师应该帮助他们分析材料，并在听之前标出关键词。通过在相对较短的时间内快速回顾问题和选项，可以对即将听到的英语听力材料做出合理的评估和预测，并确定需要注意的部分。如果学生能够对所听文本的内容做出合理的预测，并在听之前做好心理准备，那么才有可能听对。

其次，在听的过程中，教师应该帮助学生学会识别段落、关键词和句子，并寻找象征性的词和句子来回应。如果在听的时候没有得到想要的答案，必须及时放弃，以免产生一直纠结问题从而忽视了后面的听力内容的情况。因此对学生听力策略的科学指导可以提升学生听力学习的自信心。

第六章 应用语言学与大学英语口语教学

本章分为大学英语口语教学现状、大学英语口语教学的理论阐述、应用语言学指导下的大学英语口语教学策略三部分。

第一节 大学英语口语教学现状

一、学校方面

（一）教学模式单一固定

虽然很多高校已经逐渐完成教学方法的优化改革，但部分高校仍旧使用传统的方式对学生进行教育，英语口语教学模式相对保守，对英语教学中的口语交际不够重视，没有充分认识到教育发展趋势。同时，一些教师没有正确认识到英语实践的重要性，在英语教学中主观意愿强烈，想法过于局限，只是单纯让学生朗读教材内容，认为通过这种方式能够提升学生的交际能力。长此以往，学生便会形成僵化的英语口语思维，不利于学生交际能力的培养，对学生的全面发展带来不利影响。

（二）考试系统有待完善

目前，一些高校在开展英语教学的过程中，并没有配备全面的考试系统，单纯通过课堂练习并不能帮助学生有效提升英语交际能力。由于学生的个人素质存在差异，对知识掌握也不尽相同，完善的考试系统能够加深教师对学生学习程度的了解，加强对学生的督促，同时提升学生之间竞争的主动性。通过完善的考试系统，学生可以更加清晰地得知自身的学习情况，并对薄弱部分加强学习，巩固已经学会的知识点。虽然考试系统具有多种优势，但各个高校的发展存在较大差异，受不同因素的影响，一些高校很难将这种考试系统确切落实。

二、学生方面

（一）缺乏语言环境

缺乏语言环境是一个比较突出的问题，部分高校没有创设良好的语言环境。部分教师在授课过程中，仅仅根据教学大纲所规定的教学目标和教学内容去完成教学任务，只重点讲授词汇、句型、语法，课后练习也基本上围绕所教授的内容来进行，往往会忽视口语训练这一重要环节，导致学生缺少有效运用英语进行口语交流的机会。在英语口语教学中，学生学习口语的主要途径就是被动地听教师讲解、盲目地做笔记，难以接触到标准、地道的发音，缺少师生互动的交流学习，这对于提高学生的英语口语能力非常不利。

（二）受语言文化影响较大

从语言文化的角度思考，中国同很多使用英语的国家的文化差异过大，这在很大程度上阻碍了高校学生英语交际能力的培养。良好的语言环境对学生学习语言有积极的作用，但出于地域的局限性，在汉语语言环境中学习英语很可能对学生口语发音的标准性造成影响。另外，不同国家的语言表达方式有所不同，仅仅通过汉语思维进行英语口语表达并不能有效提升学生的英语交际能力，同时也在一定程度上阻碍了英语的传播与交流。

（三）缺乏英语学习自信心

部分学生英语学习基础较差，尤其是英语口语方面，在用英语与对方进行交流时，会出现紧张、恐惧的心理，虽说也具备一定的口语基础，但对英语学习严重缺乏自信心。还有少部分学生害怕说错被教师、同学笑话而羞于开口，往往主动放弃口语交流的机会，只能保持沉默。这些心理因素在很大程度上阻碍了学生的英语口语表达，久而久之，学生就会惧怕和别人交流，从而形成恶性循环。

（四）没有养成良好的学习习惯

部分学生不能坚持练习英语口语，也没有养成做英语笔记的好习惯，在没有完全吃透语法的情况下，就盲目地去背诵单词、短语、句型，导致学习效率低，事倍功半。久而久之，学生就会失去学习英语口语的信心，甚至选择放弃对英语口语的持续学习。还有部分学生不愿意在英语口语上耗费大量的时间和精力，也不愿意在英语口语训练上多下功夫，甚至有的学生认为在未来职场中用到英语口语的机会也不是很多，练习英语口语根本没有多大必要，并没有养成良好的英语学习习惯，总是为自己找各种借口不想练习英语口语。

三、教师方面

（一）师资力量参差不齐

对于大部分高校来说，教师的口语水平参差不齐，口语发音也不是非常纯正、标准。在英语课堂上教师用英语授课的情况也是不一样的，少数教师全程用英语授课，部分教师由于自身口语水平有限，基本用中文授课，再加上自己本身课比较多，并没有大量的时间去充实自己，学习培训、外出进修的机会也相对较少，长此以往，难以给学生树立良好的榜样，很容易导致学生对英语口语练习失去信心。

（二）过于重视精准语言表达

一些高校教师在英语口语教学中过于重视精准语言表达，要求学生背诵固定的句型、词汇，这种方式并不能充分提高学生的口语交际能力，长此以往容易使学生对英语口语练习产生厌烦心理。语言源于人与人之间的沟通，传达主要思想具有一定的灵活性。换句话说，只要成功传达语言中的主要思想，那么语言形式的精准程度并不重要。教师在口语训练时多次批评学生的词汇错误，很可能使学生产生抗拒心理，不利于学生在口语练习中树立自信心，继而影响学生的口语交际能力。

（三）课堂教育活动过于单一

在大学英语口语教育实践中，部分教师表示只要有互动和交流，并以英语语言进行表达便是交际活动。所以，在大学英语口语教学中，部分教师会准备英文素材，同时选择其中涉及的经典句型，明确要求学生进行跟读和背诵，学会将其运用到口语交际当中；也有部分教师准备一段英语素材，要求学生根据素材中的语境展开对话训练，这些是当前大学英语口语教学中较为常用的教育形式。此种教育形式难以切实提高学生的口语交际能力，根本原因在于教师难以熟练且充分应用交际教学法，且部分教师对于学生课堂中可能出现的问题也难以有效应对。此外，部分英语教师的教育理念较为保守，创新性不足，忽视对于学生认知能力与个性的关注，使得学生的口语学习成效并未达到理想效果。

（四）教师过度主导口语教学

在以往的大学英语口语教学中，教师作为课堂教学的主导者，把控课堂教学节奏，导致学生的学习始终处于被动状态。现阶段多数学生普遍存在的问题是"金口难开"，原因在于学生在课堂中习惯聆听教师的讲解，将自身视作课堂的听众。因此，在大学英语口语教学中，部分学生存在沉默的问题，没有积极地用英语语言进行表达。并且教师主导着课堂教学，导致一言堂的问题较为严重，难以激发学生的主动性和热情。久而久之，便会导致学生不愿用英语进行表达，从而导致口语教学难以实现有效提高学生口语交际能力的目标。

（五）教学观念滞后，教学方法不当

从当前企业与社会对人才的需求来看，他们往往更考验学生的综合能力，特别是较强的英语口语能力给学生的就业增色不少。但是，从当前学生的英语学习与口语表达现状来看，学生的学习效果并不理想。大学英语口语教学的真正目的在于培养学生的英语日常交流能力，更强调学生对英语知识的运用。部分教师在开展大学英语口语教学时，采取的教学方法不当是影响大学英语口语教学效果的重要原因。口语训练主要以表达为主，如果教师所选择的教学模式、教学活动、教学内容等没有与表达这一主题相契合，那么学生的英语口语能力也很难得到真正提升。

第二节 大学英语口语教学的理论阐述

一、大学英语口语教学的内容

从信息加工的角度来看，口语表达是一个动态、双向的语言信息传递与交流的过程，它涉及口语信息发出者、口语信息和口语信息介绍这三者之间的互动关系。在大学英语口语教学过程中，不仅要强调语言输出，还要注重学生语言输入、语言理解、加工过程的培训。因为在口语交际的过程中，任何信息都是建立在"可理解性"基础之上的。说话者首先要接受对方所传递的信息，并进行信息的加工理解，然后才能产出对方可以理解的信息，其中涉及语音、语调、词汇意义、语用知识、文化及思维习惯等各方面的因素。

由于口语能力呈阶段性渐进发展，因此，在不同阶段必须采用与其发展要求相适应的训练手段，通过训练培养学生的口语技能并逐渐发展口语能力。大学英语口语教学过程可分为三个阶段："潜口语"期、口语能力构建期、口语策略发展期。

第一阶段强调语言的可理解性输入，这是学生习得语言的重要时期。这一过

程可以延伸到口语教学之外，学生在学习大学课程以前的一切语言输入都可以作为这一阶段的外延。

第二阶段强调语言的可理解性输出。在这一阶段，"对子练习""场景练习""主题演说""问题辩论"等口语教学的强化手段是教学的重点内容。这些练习方法为学生提供了构建口语能力的框架，学生通过"练习"和"构建"的反复循环过程培养自己的英语思维习惯，进而促进口语交际能力的发展。

第三阶段是语言的内化和提升阶段。这一阶段仍然强调"练习"，但"练习"的难度提高，目的是锻炼学生口语交际的应变能力和实际操作能力，预测交际场中的未知困难，并提供可解决的交际策略。具有高水平的英语口语交际能力的人应该具有本族语的思维习惯，只有这样才能够灵活地运用英语语言环境中的交际策略，达到成功交际的目的，这也是大学英语口语教学的目标。

大学英语口语教学区别于其他英语教学，教师在教学中要注意口语的言语行为功能特点，即要向学生强调口语的言语行为功能——通过特定的语言表达特定的功能。其主要功能包括问候、介绍、告辞、请求、致谢、赞美、祝贺、道歉、原谅、建议、同意与不同意、批准与不批准、承认与否认，以及同情、鼓励、申诉、劝说、允许、许诺等。口语的语体特点是英语口语教学区别于其他英语教学的主要因素，口语中较多地使用短语、并列从句、问答与祈使句，并且允许出现重复、停顿、补充、修正等。受年龄、性别、文化、情绪等因素的影响，英语口语教学不是单纯语言领域的教与学的过程，而是一个包罗万象的涉及语言综合运用的教学过程集合体。

二、大学英语口语教学的理论基础

（一）二语习得理论

1. 克拉申的二语习得理论

克拉申的二语习得是指学生在学习过程中有意识地学习或者在相应环境中无意识地获得除母语以外的其他语言的过程。

20世纪80年代初，美国著名语言学家克拉申等人总结了近几十年来外语学习和第二语言的相关研究，并把各种研究加以理论化、系统化，形成系统的学说，提出了二语习得理论。该理论解释了学习与习得的关系，强调习得是掌握第二语言的基本途径。

学生在学习过程中获得第二语言的主要方式是在相应的环境中接受大量的可理解的语言输入。研究证明，克拉申的二语习得理论和语言教学有比较直接、密切的关系，尤其对我国的英语教学有重要的启发和指导意义，其中克拉申二语习得理论的核心部分正是语言输入理论。

正如克拉申所指出的，任何科学理论都是由一系列的假设组成的。在学习过程中，学生只有获得了可理解的语言输入，才能获得略高于学生现有语言水平的第二语言输入，并且可以专注于理解意义，而不是形式，即习得。这一假设可以用"i+1"来表示，其中，"i"表示学生当前的语言水平，"+1"指超出其当前水平的附加难度。换句话说，在学习过程中学生接触到的语言输入或者教师给学生输入的语言应该和学生目前的语言水平保持一定的差距，保证输入的内容具有一定的挑战性，并且对学生来说，大部分内容都是可以理解的。

由于不同的学生有不同的"i"水平，因此，教师应该注意把握全班的"i"水平。在日常英语口语教学中，教师可以通过观察和提问来评价学生的"i"水平。在此基础上，教师还应该关注语言输入的难度。如果语言输入适度超过学生当前的语言水平，那么学生可以得到可理解的输入。如果语言输入难度过大，例如，教师给学生"i+2"的输入，在这种情况下，可能会让学生感到难以理解教学内容，这在一定程度上会挫伤他们对学习的积极性和信心。而如果教师给学生"i+0"的输入，这就意味着教学内容可能太过于简单，会导致学生不容易学习到新知识。所以教学内容过于困难或过于简单都可能会导致学生在学习过程中产生一些负面情绪，且不能达到教学目标。

在英语口语教学过程中，"可理解的语言输入"对学生来说是非常重要的。只有让输入的语言得到内化吸收，学生才能真正学会语言。相反，如果大量输入语言且语言理解难度过大的话，那么学生会无法内化吸收，输入的语言也不能构成有效的语言输入，这不仅不能促进语言的学习，还有可能会挫伤学生的学习信心。

2.二语习得理论在大学英语口语教学中的应用

（1）可理解输入

教师在英语口语教学中应该给予学生可理解的输入，输入语言的难度可逐步提高。一开始，教师可以呈现一些简单的单词，然后让学生用这些词来造句。克拉申的输入假设表明，密集的可理解输入将大大提高学生的语言能力，因此教师需要确保足够的语言输入量。此外，教师必须不断提高个人的英语水平，确保所教学知识的正确性，尽量使用地道的英语和规范英语，提高语言输入的质量。同时，在教材的选择上，为了保证语言的有效输入，教师应该选择地道、规范的英语阅读和听力材料。只有基于可理解的输入，习得才能发生。

（2）建立语言环境

习得是学生学习英语的根本途径。学生在习得环境中能够更好地培养自己的语感，并实现流利说英语的目标。在英语口语教学中，虽然学生很难获得一个自然的英语学习环境，但是它是可以建立的。教师可以鼓励学生尽可能地用英语与同学和教师进行交流，让学生在输出的过程中逐渐熟悉语言，不断接近目标语言。此外，英语口语教学的重点是课堂互动。教师可以采用基于主题的教学模式，建立自然的、真实的语言环境，让学生在模拟交流中用英语进行自由交谈，这有助于学生积极调动大脑的语言区域，在互动过程中习得英语。

（二）语境理论

1.语境理论的基础

（1）语境的概念

"语境"与英语中的"context"一词相对应，原是"上下文"的意思，后来人们将其用以表示"语境"，其意义也随之扩展，不仅包括言谈或语篇中的上下文，还包括言语之外与言语交际密切相关的各种主客观因素。"语境"最早由人类语言学家勃洛尼斯拉夫·马林诺夫斯基提出，并被分为情境语境和社会文化语境两大类。之后很多中外语言学者关于语境的定义及构成的论述都是在此基础上的补充和延伸。

语言学各分支学科的研究者不约而同地强调语境的重要性，但他们在对"语境"做出界定时却又不尽相同。认为言语和语言有所区别的人强调使用"言语环境"这一术语，对言语和语言不加细分的则用"语言环境"来表示语境，也有人用"语用环境"来表示语言运用的环境。不同学者对"语境"这一概念的具体阐释表达了不一样的看法，以下为较具代表性的几种观点。一是现代著名思想家、教育家陈望道先生的"题旨情境说"。"题旨"指作品的内部环境，包括作品的主旨、语体、风格和说写者的主观愿望；"情境"即"六何"，指说话或写文章时的时间、地点、对象、事件、目的及方式等，与马林诺夫斯基的情境语境相似。二是以著名语言学家王德春先生为代表的"主客观因素说"，认为"语境就是时间、地点、场合、对象等客观因素和使用语言的人、身份、思想、性格、职业、修养、处境、心情等主观因素所构成的使用语言的环境。"三是"大小语境说"，以当代著名语言学家、教育家张志公先生为代表，从语义的角度出发，认为语境包括现实语境、时代社会语境和个人语境。现实语境即说话和听话的场合以及前言后语，为"小语境"；后两种语境与现实语境相对称，为"大语境"，又被称为广义的语境。由以上论述可见，学术界关于"语境是什么"的观点莫衷一是。究其原因，一方面在于研究立足点的不同。立足于语言本身，则语境仅指"上下文"这个语言内部的环境；立足于言语主体，则语境为进行言语活动时言语主体的主客观因素。由于缺乏基础的共同点，人们的研究也就没有了可比性。人们的观点不是从一个理论内核上发展起来的，他们的不同研究也就无法在理论内涵上对立起来。因此，研究者站在各自研究的角度和立场讨论问题就造成了观点之间存在异同之处，却又无法进行比较的尴尬局面。另一方面是缺乏对概念内涵的考量，人们的研究没有关于它的上位概念，即它的理论内核的考虑，整个研究被不自觉地局限在语境的外部形态的描述上，或外延描述，或要素概括。不少学者在定义"语境"时采用了"包括"这样的表述，仅以构成要素的形式进行说明，一直游走于"语境"的外延而未深入其本质，使得研究之间缺乏共识。

（2）语境理论的生成阐释

语境理论由波兰裔英国人类学家、功能学派创始人之一的马林诺夫斯基提出，该理论体现了"情境意义"思想，认为语言教学应注重语言的功能和语境研究。马林诺夫斯基指出，语言只是一种工具，而语言的"意义"在于使用，"意义"也是语言在语境中应用的功能。所以语境理论就是指在语言学中将话语与情境相结合，这样才能在固定的"文化语境"或"情境语境"中有效推测词语的功能，并实现对话语意义的评价。语境理论打破了文化屏障，通过交际环境和信息超载加强与固定场景的联系，使语言阐释的定向和聚焦都更加清晰，以弥补当下语言研究中缺失的信息。语境理论为语言的实际应用和语义阐释提供了新的途径，引起了人们对情境语境的重视，意识到语言学的意义不仅包含词汇意义和语法意义，还包括情境意义，从语言内部因素和外部因素的结合上真正实现了语言学的功能。

（3）语境的功能

学术界对语境功能的讨论也很激烈，研究者各执一词，因而关于"语境有何功能"亦未有定论。日本学者西槇光正指出语境有八种功能，即绝对功能、制约功能、解释功能、设计功能、滤补功能、生成功能、转化功能、习得功能。南京大学中文系语言学专业王希杰教授认为，语言环境具有六个方面的功能，分别是匹配功能、定位功能、定向功能、填补功能、生成功能、预测功能。当代语言学家黄伯荣、廖序东认为语境的功用在于"一是制约言语活动的内容；二是规定言语的表达方式"。在目前的研究中，一般认为语境具有制约、生成、解释和判断功能，其中制约功能和解释功能是语境的基本功能。

①制约功能。言语表达是一个根据具体的言语环境选择、创造一定的言语形式来表达一定的言语内容的过程，这个过程是语境决定言语，是由语境到言语的过程。言语活动总是在一定的言语环境中进行，语言的运用和言语的生成对言语环境的依赖性即语境的制约功能，主要针对作为言语表达一方的说写者而言。例如，两晋时期的玄言诗被南朝文学批评家钟嵘评为"理过其辞，淡乎寡味"，这一方面是受当时玄释合流与清谈之风盛行的影响，另一方面西晋时期的士族制度加深了阶级鸿沟，士族文人远离社会和人民，他们的创作缺乏现实内容，就只能追求形式的华美，所以玄言诗表现出玄理入诗、脱离社会生活的特点，这是社会主流思想、政治制度即社会文化语境对言语的制约。从作为言语接受一方的读者角度而言，言语理解也要回到相应的语境中去，对语境的了解程度制约着读者对文本的理解深度。

②生成功能。语境的生成功能是指语境可以使词语或句子生成原本所没有的意义或言语形式。创作者并非总是处于被动适应语境的状态，他们也会因表达的需要借助语境使词语或句子生成某种含义。因此，当词语或句子进入具体的言语活动时，其语义可能会超越本身的意义由言语环境临时赋予词句新的意义，这种在具体的语境中才能理解到的特殊含义即我们通常所说的"言外之意""弦外之音"。古人的话语方式尤为含蓄，字里行间往往蕴含着作者的深刻用意，这就需要我们结合特定的语境将它们挖掘出来。例如，柳宗元《小石潭记》中"其岸势犬牙差互，不可知其源"一句用比喻的修辞手法描写溪流两岸像狗牙一样相互交错，无法知其源头，结合作者当时被贬谪的遭遇来看，此句还暗示着柳宗元回望自己的人生境遇，就像这岸势般曲折，面对前途与未来就如小潭源头一样迷茫。修辞学中的双关也是一种言在此而意在彼的措辞法，如莲、柳等的谐音，这种用法在中国古典诗词中最为常见。除此之外，语境的生成功能还表现为特定语境中，一些词语在使用和搭配时突破社会习惯和语法规则的限制，由此产生特殊的表达效果。

③解释功能。语境的解释功能是指语境对言语意义的专一化、具体化，主要针对听话人或读者而言。其一，既然词语在特定语境中会生成新的意义，那么我们在理解言语时就不能局限于表层意义，而是要联系特定语境去揭示隐藏在言语中的真实含义。其二，一词多义是文言文中常见的语言现象。词的语言意义可能

只有一个，也可能有多个，孤立的词或句的语义可能是暧昧的，但在具体语境中它只能有一种解释。因此，语义的确定离不开其所处的具体语境。其三，一些古汉语词汇在几千年的发展、演变中或引申，或转移，表现出与现代汉语不同的意义，需要对社会文化语境有较充分的了解才能准确把握词义，比如"人民"一词在奴隶社会指的是奴隶。《周礼·地官·质人》："质人，掌成市之货贿、人民、牛马、兵器、珍异。"可见，"人民"在当时可以像牛马、器物一样被放到市场上任意贩卖，与今天所说的"人民"完全不同。其四，语言的经济原则强调要用最少的语言表达尽可能丰富的信息量，要理解言语内容、确定语义就要联系言语内外的语境。在文学作品中，作者有意无意地省略一些词语或信息是常有的事，但这通常不会影响读者对文本的理解，这也是因为语境在发挥补充、说明的作用。此外，文本诞生于特定的社会文化语境和情境语境，其本身也包含着特定的社会文化语境因素，这就需要根据具体语境对文本内容做出合理的解释。

④判断功能。一个有语法错误的句子受特定语境的制约和影响，可能比一个语法正确的句子更有表现力。语言的组合既要遵守语法规则，也要考虑语用规则。语法手段的表意功能有两种情况，一种是常规的，另一种是超常的，后者所表达的意义是语境临时赋予它的，更为丰富、隐蔽、曲折、含蓄。如果一味地从静态的语法规则角度分析，就会难以理解话语的表现力。所以，评判一词一语用得好不好、妙不妙，不能完全遵照语法规则，还要结合具体的语境去分析。

2. **语境理论在大学英语口语教学中的应用**

（1）口语教学活动的主体双方都要熟悉语言环境

口语和听力是一个相伴的过程，口语可以说是一个编码的过程，而听力则是一个解码的过程，这两个过程都涉及语音、词汇以及语法和文化背景相关的知识。要实现这两个过程信息的对称，在进行口语教学的活动中，教学双方都应该处于具体的口语交际训练环境中。对于口语的训练，很多教师采用的方法是让学生进行演讲，但是，在展开训练之前，应该用一两节课的时间，让学生知道，在具体的口语交际过程中，必须注意语境。所以在演讲时，必须根据演讲的题目，创设出一个具体的情境，然后根据这个情境来选择演讲的内容、演讲的感情基调、演讲的速度等。

（2）创设生活化情境语境

对于学生口语的训练应该尽可能地接近生活，所以创设生活化情境语境十分必要。教师在创设生活化情境语境的过程中，必须根据学生的思维特点、语言表达方式等来进行，要让学生感受到语境对于口语交际效果的制约。例如，让学生就某一个话题进行辩论，应选择一些具有生活实际意义的话题，这样才能够达到训练的目的。例如，可以让学生模拟调解纠纷的情境，让学生自由分组，首先选定角色扮演者，主要有法官、辩论律师、诉讼人、当事人等。学生进入情境后，要尽可能地揣摩角色可能要说的话、说话语气、语调等，使得整个辩论能够为提升学生的口语表达能力服务。

（3）明确交际的目的

交际的目的是整个交际活动围绕的中心，所有的交际话语可以说都是为交际目的的实现所服务的，所以在展开口语训练之前，教师应该让学生了解在具体的情境交际中要明确的目的。可以说，交际的目的与交际的语境是相辅相成的，交际的语境是明确交际目的的重要前提。但是，在交际情境中，有很多目的是非常不明确的，作为英语口语教师，应该充分利用语境的作用，帮助学生去了解一些不明确的目的，既明确自己的交际目的，同时也了解交际对方的言外之意。

三、大学英语口语教学的基本方法

（一）项目教学法

1. 项目教学法溯源

项目教学法最开始可追溯到 18 世纪，劳动教育思想是项目教学法的雏形，而后经过 18 世纪的工读教育法、19 世纪的合作教育法，最终发展为项目教学法。项目教学法发展于 20 世纪、成熟于 21 世纪初。2003 年，德国联邦职业教育所完善了前期以主题探究、社会劳动为主的合作教育和劳动教育的思想，将其总结为"项目教学法"。至此，项目教学法开始系统性地在各国进行传播、应用。我国教育界对项目教学法的吸收有一定的理论基础，无论是新课程体系的"十大能力"学习模式，还是 20 世纪 90 年代后期课程改革设置的研究性学习模式，都与项目教学法相似，是项目教学法在我国发展与应用的基础。目前，项目教学法已经成为我国教育界的热点，在职业教育、人才培养方面都具有重要作用，在高校各科教学上均有应用。因此，项目教学法在大学英语口语教学的应用上具有可行性。

2. 项目教学法的内涵及特性

（1）项目教学法的内涵

项目教学法顾名思义，是以"项目"为一个单元进行教学。教师通过给学生设定不同的项目，让学生自己进行方案设计、信息收集、项目实施，最终由教师进行项目评价。项目教学法"以学生为中心"，学生是项目实施过程的主体，教师仅仅起到辅助指导作用，这充分锻炼了学生的自主能动性。项目教学法主张先学后教、先练后讲，通过师生角色的换位给学生试错的机会，培养学生的自信心和实践能力，能够有效避免学生因不自信和实践能力较差而出现的"哑巴英语"现象。

（2）项目教学法的特性

首先，项目教学法具有目标指向的多重性特性。项目教学法的实施以提高学生的学习能力为目标，通过项目的整合，以点到面，全面促进学生、教师、学校、社会的整体发展。针对学生而言，学生在项目实践中得以提高解决问题和自主学习的能力，且项目教学的任务设置与大学生步入职场具有相似性，为培养大学生的社会实践能力打下良好的基础。针对教师而言，项目教学法改变了以往传统的教师教学模式，促进教师教学能力的提高和教育思想的转变。项目教学法以指导为主，在解放教师的同时也提高了教学效率。针对学校管理者而言，作为项目教学法的组织者和有机载体，项目教学法的有效实施对学校办学思想的提升有一定帮助，学校可在管理、考核评价上进行革新，促进高校课程体系的整合发展。针对社会发展而言，项目教学法与实践挂钩，为培养高素质、创新创造型的社会人才助力。由此可见，项目教学法具有目标指向的多重性，项目教学法中"项目"的制定需充分考虑目标达成的各类要素，设计出满足学生、教师、学校、社会的项目。

其次，项目教学法具有可控性特性。相较于以往只看分数结果的教学评价来说，项目教学法更加注重过程，教师通过指导学生的项目，充分把握学生项目实施的过程，提高了教学效率，并增强了教学的可控性。

再次，项目教学法具有周期性特性。项目教学法大多在短期内进行，能够集中培养学生的某项学习能力，在不同周期的学习中，学习内容循序渐进、由易到难，学习周期短、见效快。

最后，项目教学法具有理论与实践相结合的重要特性，这与我国高校培养职业英语人才、提高学生英语实践能力的要求相符。项目的开展与实践具有相关性。通过实践，学生的理论知识得以外化，学生也能够在实践中找到自己学习的兴趣点和有效方法，通过实践不断调整自身的学习方式。

3. 项目教学法在大学英语口语教学中的应用

（1）以过程为重点，重塑三位一体教学模式

针对目前大学英语口语教学取向应试化、教学评价不合理的问题，高校教育工作者应以教学过程为重点，三位一体地科学设计教学模式。三位即以"练、讲、评"为三位，一体即以学生为主体来设计教学内容。

首先，项目教学法讲究"先练后讲""先学后教"。因此，按照"练、讲、评"的顺序，先为学生设置项目，让学生自行练习，使学生在练习过程中不断摸索、试错，提高英语口语表达的自信心。

其次，在项目教学法的实践过程中，学生会自行进行思考和分析。因此，教师在讲解和教学时，应当将专业课和文化课进行结合，不仅针对英语口语学习的某一项目进行讲解，还要在讲解中穿插英语文化，以促进学生英语思维的培养。例如，可以在项目教学法中添加英语书籍、英语电影的讲解或使用多媒体技术增强项目讲解的生动性。

最后，在项目教学中，学生自身的能力不同，英语口语任务的完成度会有所不同。教师应摒弃以往的对错式教育，在项目教学法中，评价解决问题的方案不再是"对"或"错"，而是"好"或"更好"，教学评价以过程为重点，而非以单一的结果为重点。由此，要增强教学评价的合理性。

除此之外，还可引入校外考评机制，将学生在企业进行项目实习的分数纳入英语综合能力分数系统。由此，细化学生英语期末成绩的分数，更具有全面性，教师也可据此更科学地把握学生的英语口语综合能力，有针对性地进行指导。值得注意的是，在"练、讲、评"的实施过程中，教师应秉持"以学生为主体"的思想，在教学中改变原本灌输式的思维模式，为学生尽可能提供自主学习的空间。

（2）以协作为核心，激发学生的自主创新精神

在项目教学法的合作教育理念下，以协作为核心，充分激发学生的自主创新精神。

首先，团队程式化协作。项目教学法以"项目"为整体单元，这就要求学生学会协作、各司其职。在制定项目后，根据组内人数设置不同的岗位，使学生在自己的岗位上完成既定任务，共同推动项目的有机开展。由此，在程式化协作的过程中，每个学生不仅能够在任务环境下对口语学习的目标进行清晰的把握，还能在实践中学习，通过协作激发自主创新精神，提高对英语口语学习的兴趣。

其次，团队循环式协作。在项目实施的过程中，让学生在不同的项目岗位上进行体验，以促进学生全面发展。学生通过体验不同的岗位，能从不同角度思考问题，对团队协作精神的培养和英语思维能力的提高都有较大帮助。

再次，竞赛式协作。团队内部成员之间虽然分工明确、互为整体，但为了激发学生的自主能动性，团队内部也需采取竞赛协作的形式，充分调动每个团队成员的积极性，确保项目的有效开展。

最后，针对当前英语口语课堂教学时间不足的问题，项目教学法可通过"线上＋线下"的协作模式，增加学生的实践时间。项目教学法周期短、见效快，其将以往模式化的英语互动教学转为以时间为模块的项目研讨。学生在一定时间内进行协作学习，可通过线上口语互动、线下实践演练，取得"理论＋实践"的学习效果。在此过程中，教师也可参与学生的线上研讨，把控学生的英语口语学习进度，解决师生互动不足、模式单一的问题。

（3）以职业为导向，分类开发英语口语项目

以职业兴趣为导向，摆脱当前英语口语实践的泛化现象，分类开发英语口语项目，促使学生毕业后能够顺利进行身份转换，使学生对所学的理论知识和实践知识进行良好衔接。

首先，教师可先根据书本内容制定普适性项目。将项目教学法慢慢渗透在教学过程中，通过统一的普适性项目，对学生的实践能力进行摸底排查，为后期英语口语项目的分类开发和学生的分组打下良好基础。

其次，在学生熟悉了项目教学法的过程后，开始将教学重点从学生英语口语能力的培养转变为学生英语口语兴趣的开发。根据不同学生的职业兴趣或职业需求进行分组，增强合作的可行性。将相同兴趣的学生分在同一小组，能够达到"1+1＞2"的同辈群体学习效果。小组成员的日常活动也都围绕同一职业进行，学生的英语口语能力得以潜移默化的提高。与此同时，根据学生的兴趣，分类开发针对医学英语口语、国贸英语口语、旅游英语口语等不同的职业口语项目，并由易到难设置不同的项目及情境，循序渐进地提高小组学生的职业口语水平。

再次，针对目前教师职业口语教学能力不足的问题，高校教育工作者需"内培优、外借力"。一方面，根据不同的职业口语项目小组分配不同的英语辅导教师，教师需要定期参加职业口语培训、自行学习职业口语知识，为学生提供有效指导。另一方面，通过专兼结合的形式，外聘商务口语专家、医学口语专家等，进行讲座式指导，提高英语口语教学的专业程度。

最后，项目教学法对项目实施的场景及条件具有一定的要求，越真实的场景越能激发学生的创新性。因此，项目教学法不仅要在校内进行模拟，在学生的项目小组达到一定水平后，学校也应为学生提供更为真实的项目实践平台。通过校企合作、开设孵化基地等方式，深度提高学生的职业英语口语能力，为社会输送人才。由此，高校以职业为导向，将英语口语项目进行分类开发，并为学生提供深度实践平台，使学生能够由浅入深地提高英语的职业口语水平，使大学英语口语教学的专业性也大大加强。

（二）产出导向法

在大学英语口语教学的实践过程中，产出导向法作为一种符合中国学生发展特征的高效教学法，具有关键性的作用。产出导向法是基于输出假说而提出的，它真正做到了以学生为中心，以提升以及优化学生的学习能力为导向，引导学生进行科学且有效的输入以及输出。可以说，产出导向法是一种高效且科学化的英语教学方法，是一种目的性极强的英语教学方法，它能够有效地服务于学生最后的"产出"，按照"产出"来进行科学精准的导向，继而做好全方位、系统化的输入准备。例如，在大学英语口语课堂中，热身环节是重要的输入环节，教师在采用产出导向法的过程中，应该格外关注热身环节的内容设置以及环节呈现等，巧妙设计与主题相关的输出任务，同时结合输出任务来做好输入材料的准备，既要全面调动学生的学习积极性以及主动性，同时也要有效激发学生的欲望，保障每个学生通过热身环节的有效参与，能够将所习得的语言以及知识等运用到输出任务中，切实提升学生的语言综合运用能力。在大学英语口语教学的实践过程中，产出导向法的高效化应用，不仅能够激发学生的主体性意识，切实提升学生的主观能动性，同时也利于提高学生的英语素养，更好地增强学生的英语学习成效。

（三）交际教学法

1. 交际教学法在大学英语口语教学中的运用原则

（1）交际中心原则

英语教师在口语教学中所开展的所有教育活动，均应以交际为中心，使其他教育活动均为交际而服务。口语教育活动涵盖直接性教育活动与间接性教育活动，其中，前者指的是与英语口语课程有关的教育活动，例如，教师面向学生提出疑问与学生回答，以及教师组织口语实践活动鼓励学生展开口语交际等；后者指的是对于完成口语交际实践有一定帮助的教育活动，例如，引导学生说出和口语交际主题有关的单词与句型,同时强化实践锻炼等。英语教师在口语教学实践中,要确保所有的教育活动以交际中心原则为基准展开,保证大学英语口语教学可以顺利进行。

(2)信息互补原则

在大学英语口语课堂中,英语教师应重现语言交际过程。一般来说,在现实交际环境当中,人与人之间通常会应用各种语言和差异化的交际形式展开交流。而英语交际形式往往存在普遍与既定特点,其中最为关键的特点便是信息差,即交际双方所占有的信息内容不同,在实际交际情境当中,交际双方往往会由于掌握不同的信息内容而生成互相交流的动力及欲望。为确保大学英语口语教学课堂真实有效,英语教师要设计具有信息差特点的口语教学活动,同时也可以引导学生以适宜的方式做到信息互补。

(3)以生为本原则

众所周知,传统的教育模式普遍以教师为课堂中心,学生参与课堂活动的机会较少,此种教育理念和教育模式在较大程度上忽视了学生在课堂中的主体地位。而在以交际教学法为主导的教育模式中,学生占据课堂主体地位,是课堂教育活动的中心,在教育活动当中扮演实践者与参与者的角色。而这便要求英语教师在教学过程中将学生置于中心地位,应用诸多教学方法,引进创新性教学手段,激发学生对口语知识的学习以及口语交际的积极性,从而引导学生在日常生活当中应用所学知识与技能进行口语交际。

2. 交际教学法在大学英语口语教学中的应用

(1)营造真实性语境,使大学生置身其中

一般来说,英语教师在借助交际教学法进行口语教学之前,要精心设计课堂交际活动。而为了促进交际活动的有序开展,英语教师应营造真实语境,且这些语境必须符合真实自然的原则,同时还要契合学生的学习需求。在此过程中,教师应基于学生特征与兴趣设计不仅可以吸引广大学生群体,同时还可以培养学生交际能力的口语交际活动。教师在课堂中可以设计部分适宜学生现阶段学习环境以及日后工作岗位环境的真实性语境,以此来调动学生对于口语交际的兴趣。例如,英语教师可以营造学生面试的真实性语境,使学生真正置身其中进行模拟表演。具体包括学生日后生活与工作当中可能会面临的情境,如利用电话传达领导指示或者迟到被上级抓住等。另外,英语教师还可以按照学生所学专业,有针对性地设计与专业相契合的语境,引导学生展开表演。

（2）组织信息沟活动，实现交流互动学习

一般来说，信息沟是大学英语口语教学中较为常见和常用的活动。此种教学组织形式指的是一个人掌握另一个人欠缺的信息内容，其需要以英语语言共享双方缺少的信息内容，从而有效完成一项交际任务。相对简单和有效的信息沟活动，即教师引导一名学生向另一名学生展开自身家庭成员的介绍。在此教学过程当中，聆听的学生必须制作相关的家庭成员图，明确所有家庭成员之间的关系，并清晰标注各家庭成员相对的名字与其业余爱好、职业等有关信息。在介绍的学生完整表达自身家庭成员和家庭关系等信息之后，聆听的学生应为其展示自己制作的家庭关系图，而后两人共同找出图中可能产生的错误和误会。为保证该活动具有较强的互动性，聆听的学生应让介绍的学生重复解释部分有用信息内容。信息沟活动在大学英语口语教学中的运用，不但符合交际教学法的信息互补原则，而且也能充分落实学生的交互性学习，从而切实提高其口语交际水平。

（3）以大学生为中心，深度参加教育活动

在大学英语口语教学中，部分学生英语基础较为薄弱，特别是口语基础。所以，英语教师要最大限度地贯彻以生为本原则，以学生为中心展开口语交际训练，使学生深度参与教学活动。但是，多数学生在口语课堂当中普遍存在过于重视语言精准性的问题，这是因为交际教学法所具备的交际特点会增强学生的此种意识。交际教学法注重培育学生的交际能力，而英语口语交际普遍在听觉层面更为重视流畅性，所以多数学生为了使他人明确理解自身表达的意思，存在过度纠结的问题。

在大学英语口语教学中，应采用形式多元的小组活动，这不仅可以推动学生之间实现互助学习，同时还能减轻学生面临的压迫感，有效缓解学生群体应用英语语言的焦虑与紧张等情绪。多元化的小组活动既能够培养学生的团队意识，也能够彰显学生的特长与个性。不同爱好特长、智力水平、认知能力以及思维模式的学生，在具体活动中会充分展示自身的特长。

（四）语境教学法

1. 语境教学法概念界定

（1）语境

语境就是语言环境，具体指的是在日常对话的过程中，对话的两边各自运用语言这种交流工具来表达自己的想法、感情以及逻辑，这就是语言的环境，这种环境能够影响语言的具体内容和风格。语境包含两个方面，即语言使用的基本理论和语言使用以外的相关知识。语言环境处于不断变化发展的状态中。

关于语境的定义，国内外学者从不同方面进行了阐述。部分学者从言语上下文关系的角度进行阐述，认为语境包括两个方面，一是包括说话过程中的内容；二是包括语言含义所暗示的相关信息。此外，还有学者认为，语言环境除了包括大家在讲话过程中确实说出来的话的意思之外，还可以指代周围的环境、谈话主题以及其他相关信息等。

部分学者从理论概念的角度进行定义，例如，有语言方面的研究者把语言环境的组成部分从产生这样话语内容的语言情境中抽离出来，这些详细的组成部分就对参加谈话的人施加影响，结果就是他们能够被影响，从而改变说话的方式。英国语言学家弗斯（Firth）对于语境进行了更具逻辑性的整理，他把语境的情境拆分组合成了框架图，为整个理论埋下了基石，随后，他的研究成果得到了学生韩礼德（Halliday）的继承和发展，变得更加合理。韩礼德描述的语言环境的概念框架如图 6-1 所示。

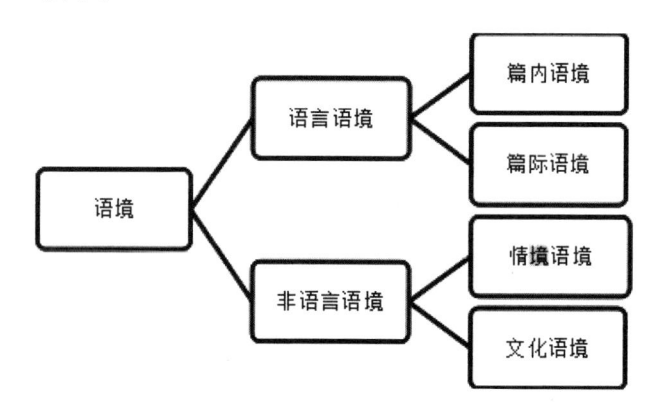

图 6-1　语言环境的概念框架

（2）语境教学法

语境教学法的历史并不太长，从 20 世纪 20 年代开始才有了初步的雏形。它诞生于英国，把提升学生的口语交流水平作为教学目标，通过创设特定的情境进行教学。这样的教学方法主要希望让学生在"有意义"的语言环境里交流感受，自然地进行学习。语境教学法致力于把课堂直接变成情境的一部分，进一步提升教学效率。

2. 语境教学法在大学英语口语教学中的应用

与过去传统的口语教学相比,语境教学法的独特之处在于教师可以设置很多不同的学习环节,并将这些环节融入语境教学的情境之中,这样能够与实际生活有着更紧密的联系。

(1) 创设语境

一般来说,在英语口语课堂上,英语教师会采取两种教学方式进行口语教学,一种是规定一种必须使用的语法或者句型,另一种是给出一个既定的话题。采用第一种教学方式给的话题范围比较小,一些口语基础比较好的同学,没有发挥的空间,然而采用第二种教学方式给的话题范围比较大,会使学生难以准确找到切入点。基于此,设置了相应的语境,在开展活动之前介绍活动的开展背景,其中涵盖时间、地点、人物、事件。例如,活动的主题是讨论天气情况,教师在课堂上应当询问学生今天天气如何。语境教学是整个口语教学当中的基础,它既能够限定这堂课的讨论范围和背景,同时还可以把课堂上的知识运用到真实的语言环境之中。

(2) 整合信息

教师设定了一定的语境,之后再根据具体的情况整合整个活动当中的一些关键信息,同时可以比较精确地把活动中涉及的知识点传授给学生,这种自然的教学方式很容易让学生接受,学生也比较有兴趣,更加有利于学生形成可靠的记忆。

(3) 在语境中进行练习

当学生对基本的活动情况有了初步了解以后,教师会布置几个简单有趣的互动小任务,让学生在当前的语言环境中进行应用和实践。例如,在英语口语教学活动中,对五名学生进行随机提问,询问他们关于天气的话题,来测试学生是否将所学内容运用到实际生活中。在教学的过程中,教师要注意给学生提供准确的主题,同时,鼓励学生根据自己的想法,增加一些问题。这种活动不但能够丰富学生的语言知识,提升学生的知识运用能力,更能够促进学生在真实场景中对英语口语知识的运用。

(4) 将英语口语应用到日常生活中

事实上,学习一门外语的主要目的就是要让学生学会运用,因此,在开展语境教学的过程中,要思考英语口语教学如何运用于日常生活之中。教师在教学的过程中,可以贴近学生的生活情境,这样就会比较真实和自然,既能激发学生的兴趣,又能提升学生运用英语口语的能力。

（五）任务型教学法

1. 任务型教学法概述

（1）任务型教学法的定义

任务型教学法是指教师通过引导学生在课堂上完成任务来进行教学。20世纪80年代，任务型教学法在国外兴起，英国语言教育家珀拉胡（Prabhu）在印度的班加罗尔首次开展了交际教学实验，正式提出了任务型教学方法，这种方法的中心思想是在"做中学""用中学"。珀拉胡认为，"任务是学生通过深入思考从所给信息中得出结论的一种活动，这种活动能使学生对自己的思考过程适时地进行调控"。任务型教学法是珀拉胡从教学的角度提出的，它的目的是能让学生通过使用语言完成任务来学习语言。他相信："当学生的注意力集中在任务上而不是他们所使用的语言上时，他们的学习更有效率。"此外，珀拉胡在教学过程中将任务活动分为四类，分别是以形式为中心的活动、以目标为中心的活动、以意义为中心的活动和以规则为中心的活动。同时他还提出在开展活动的过程中，教师不需要明确地教学生语法规则或过多地纠正语法错误，使学生在重视语言的意义中掌握语法。语言教育家大卫·纽南（David Nunan）则提出了课堂交际任务设计的基本框架，反映了语言教学焦点的转移，即从语言到文化、从形式到语意、从认知到情感、从教师主导到以学生为中心。

1997年，中国学者吴旭东首次研究了任务型教学法，随后部分学者详细分析和介绍了任务型教学法的概念，这吸引了大多数外语教师和大学研究人员的注意。2017年教育部出台《大学英语教学指南》，提出大学英语课堂教学可以采用任务式、合作式、项目式、探究式等教学方法，体现以教师为主导、以学生为主体的教学理念，以文件形式要求将任务型教学法积极运用到实际教学工作中。

通过对任务型教学法的研究，不难看出，任务型教学法的发展越来越完善。将任务型教学法运用到实际教学工作中，是一种必然趋势。任务型教学法是将目标语言教学融入与学生日常生活相关的任务中，让学生在自身经验与原有知识的基础上，通过教师的引导和自身的思维活动来完成任务，从而完成新知识的学习。任务型教学法的课堂是以学生为中心，以教师为主导的课堂形式。

（2）任务型教学法的优势

①任务型教学法强调使用目标语言学习来完成任务。在完成任务的过程中，教师要准确掌握课堂节奏，使学生通过使用目标语言来完成任务，在任务中反复练习来提高学生的语言能力。

②任务型教学法强调实施的任务应该具有实践性。任务型活动应该源于真实生活，与生活主题密切相关。因此，这些主题让学生更有学习的乐趣，并且寓教于乐，提高学习效率。

③任务型教学法强调以学生为中心，而不是以教师为中心，鼓励学生发挥他们的创造力，依靠语言表达来完成任务。

2. 任务型教学法在大学英语口语教学中的应用

（1）应用原则

任务型教学法是以学生为中心、以教师为指导的教学方法，是结合了合作式学习的新教学方法。在应用前，必须明确任务型教学法的运用原则。

①真实性原则。真实性原则主要包括两个方面的内容：一是教材要尽可能真实；二是设计任务时要具有与现实生活相结合的真实性任务。教师在进行任务型教学法设计时，必须对教材进行筛选，尽可能选择与学生生活相接近的教材进行讲授。只有教材具有真实性，才能使学习更有意义，才能更好地提高学生的语言水平。与此同时，教师在进行任务设计时，必须将任务与学生的真实生活环境结合起来。学生只有将新的语言知识与真实的生活环境联系起来，才能真实地了解任务，学习到新的语言知识。学生只有将新的语言知识真实地运用到实际的语言交际中，才能使语言知识学习达到最佳的效果。

②形式功能原则。形式功能原则强调语言形式与功能之间的关系。在设计任务时，应考虑语言形式与功能。它旨在培养学生的语言运用能力。学生在课堂上除了学习语言的形式，还要通过任务的完成，实现语言功能的转换。这是任务型教学法的最终目的。

③互动性原则。互动性原则要求学生在完成任务时进行合作式学习。在任务型教学法中设计任务时，需要考虑学生的互动性。语言的学习主要是在实际交际中使用语言进行交流，语言是一种互动的形式，所以在设计任务时一定坚持互动性原则。学生只有在这种互动性的合作式学习中，才能更好地提高语言学习的效果。

④支架式原则。支架式原则要求教师在任务型教学法中起支架式的作用，提升学生的学习效果。任务型教学法以学生为中心，使学生主动参与任务。教师在任务型教学法中主要扮演"帮扶"的角色，在任务进行中对学生提出的困难给予一定的帮助，同时在任务完成后对学生在任务中出现的错误及时纠正，帮助学生及时改正错误。

（2）应用步骤

任务型教学法经过多年的发展研究，具有一定的实施步骤。任务型教学法有三个阶段，即任务前、任务环和语言聚焦。

①任务前阶段。本阶段主要是进行主题介绍，教师根据教材和与主题相关的任务来选择任务的类型，任务的设计应该符合任务型教学法的原则。同时在这个阶段，教师提供必要的背景知识（如相关的词汇、短语和语法，这些在完成任务时是有用的）。教师介绍主题和要执行的任务，布置的任务要具有很强的实践性，与学生的日常生活密切相关，能激发学生的兴趣，真正体现"做中学"。教师可以通过展示图片，让学生熟悉任务框架，并指导学生。这个阶段学生应该做的是记下有用的单词和短语，做好准备工作。

②任务环阶段。本阶段包括三个过程：执行任务、报告准备和任务汇报。

执行任务：在任务型教学法的课堂教学过程中，教师将学生随机分成两人一组，以小组的形式去执行教师给出的与主题相关的既定任务。

报告准备：在这个阶段，教师应该给学生一些时间去完成任务，并规定报告时间和报告内容要求。这个阶段要求学生充分表达自己的观点，并准备好向全班报告。在此过程中，教师则扮演语言顾问的角色，可以给予学生一定的帮助和指导，确保学生能顺利地完成任务。

任务汇报：本阶段的主要活动包括小组代表面对全班口头陈述讨论的内容，并回答其他小组成员提出的问题。这个环节可以让学生有更多的机会练习口语，也能激发学生的学习兴趣。每组报告完成后，教师应该说明每个小组在做报告的过程中做得好的地方或出现的问题，然后给每个小组一些有用的提示，促使任务汇报可以顺利进行。

③语言聚焦阶段。在这个阶段，教师应该分析学生在英语口头表达过程中的错误或过失，并要求学生在之后的学习过程中注意所提到的这些问题。

第三节 应用语言学指导下的大学英语口语教学策略

一、基于产出导向法的大学英语口语教学策略

在大学英语口语教学的实践过程中，产出导向法作为一种科学且高效的教学方法，旨在为学生的"产出"进行必要且关键的输入和输出准备，切实提高学生的口语素养和英语综合运用能力。为科学全面地提升产出导向法的应用实效，应

该精准把握大学英语口语教学的特色,行之有效地采用科学化的应用路径,整体保障产出导向法的应用成效。

(一)重新设计教学方案,引导学生主动输出

一直以来,在大学英语口语教学实践过程中,受"输入理论"的影响和制约,部分教师往往将较多的时间和精力放在了帮助学生积累英语材料,夯实学生英语理论知识等层面,明显缺乏对学生英语实践能力的重视,缺乏对学生英语口语表达能力的训练以及培养。例如,在课堂教学的过程中,教师往往占据着主体性的地位,教师按照既定的教学方案以及课程内容来进行僵化的课堂设计以及教学准备等,缺乏对学生英语能力的关注和重视,更多的是依托于四六级的考试大纲来进行教学准备。受此影响,部分学生的英语学习积极性普遍不高,学生的英语水平也参差不齐。在学习实践中,学生较少进行有针对性的口语训练。为科学且高效地提升大学生的口语素养,同时也为了更好地提高大学生的口语表达能力,应该科学全面地设计高质量的教学方案,同时引导学生积极地将所学知识运用到英语表达的实践过程中。

作为大学英语口语教学的主要引导者,英语教师应该注重变革以及创新自身的思想和理念,充分把握课程特色、资源优势等,设计高效且科学化的教学方案,积极依托科学且精细化的教学任务,更好地提升学生的学习实效,更进一步地提升学生的学习素养,使学生成为大学英语的学习主体和应用主体。

首先,教师在大学英语口语教学的过程中,应该注重挖掘英语口语教学的输入材料。不可否认,英语教材中的口语内容大都比较系统,但若仅仅依赖于教材,显然难以真正提升大学生的口语表达能力。为此,教师应该挖掘英语口语教学材料,利用互联网平台,不断补充英语口语教学材料,更好地帮助大学生建构完善的英语知识体系,积极促进大学生口语能力的提升。

其次,教师要注重创设科学的情境,实现高效化教学。英语口语教学具有很强的实践性,教师只有引导学生将理论与实践结合起来,积极将所学的英语内容应用到实践过程中去,才能够切实提升学生的口语表达能力。为此,在大学英语口语课堂教学环节,教师要创设良好的英语情境,鼓励学生通过表演等方式来进行口语演练,积极引导学生自主地进行语言输出。此外,在大学英语口语教学的实践过程中,为提升学生的素养,也为了更好地提高学生的口语表达能力,教师还应该注重引导学生科学自主地选择输入材料,切实提升自身的随机应变能力。不可否认,部分学生在进行英语口语表达的过程中,往往较为僵化,即在熟悉的

情境中，他们可以进行自由的输出，一旦脱离熟悉的情境，则极有可能会陷入难以把握的窘境。为此，教师应该发挥好自身的教学引导角色，切实有效地调动学生的主观能动性，鼓励学生进行自由的输入和输出，形成良性的循环机制，全方位提升学生的英语表达能力。

（二）全面拓展输入平台，充分保障语言输出

在大学英语口语教学的实践过程中，输入平台的选择以及运用具有关键性的作用。教师要全面拓展输入平台，更好地提升学生的英语综合能力。

一方面，教师应该对学生的语言输入和输出等进行精细化的管控，切实有效地提升学生的英语素养，全方位保障学生的英语学习实效。不可否认，学生的英语素养存在着明显的差异，为此，教师有必要通过科学且精准的手段来测评学生的英语素养，有效把握学生的英语薄弱环节，以便做好科学的输入准备，积极设计有效的输出环节。

另一方面，在大学英语口语教学的过程中，无论是输入环节还是输出环节，教师都应该做好必要的拓展以及延伸。在输入材料的过程中，教师要保障材料形式的多样化以及丰富化，要不断调动学生的内在积极性，不断激发学生的欲望，促使学生主动进行必要的输入。在输出环节中，教师需要采用多元化的输出形式。若教师在实践过程中，仅仅采用课堂口语表达或者情境演练的形式，久而久之也容易影响学生的英语学习兴趣，不利于提升学生的英语认知水平。相反，若教师能够结合口语输入材料的特征，选择多元化的输出形式或者输出方法，既能够有效检验学生的英语素养以及学习能力，也利于整体提升学生的英语认知水平，切实有效地提升英语口语教学的整体成效。

（三）采用科学高效的教学方法，提升学生的输出质量

在大学英语口语教学的实践过程中，科学高效地利用好产出导向法，教师应该采用高效的教学方法，全方位提升学生的输出质量。一方面，教师应该做好精心的备课准备工作。在备课过程中，教师不仅要创设口语学习情境，还应该充分了解教学目标，明确口语教学的具体目标，结合学生的英语素养以及实际认知能力，巧妙设计输出任务。另一方面，在大学英语口语教学中，教师可以采用小组合作学习法，科学地输出任务，引导学生进行分组讨论以及合作学习，切实有效地提升学生的英语素养，提高学生的英语输出质量。可以说，采用高效化的课堂教学模式和多样化的教学方法具有关键性的作用。因此，教师要立足于大学英语口语教学的特色，采用多元化的教学方法，更好地提升学生的口语表达能力。

此外，在大学英语口语教学的实践中，教师还应该注重布置探究性的任务。在探究性的教学情境中，学生的主体性地位能够得到充分全面的体现。在任务驱动下，学生能够结合输出任务来进行输入材料的自主选择，也会在输出任务前进行必要的演练以及练习等，这些都能够在很大程度上提高学生的输出质量，也利于提升学生的英语素养以及认知水平。

二、基于问题式教学的大学英语口语教学策略

（一）问题式教学概述

1. 问题式教学的定义

问题式教学是用"问题"整合相关学习内容的教学方式。问题式教学以"问题发现"和"问题解决"为要旨，在解决问题的教学过程中，学生运用口语的思维方式，建立与"问题"相关的知识结构，并能够由表及里、层次清晰地分析问题，合理表达自己的观点。

2. 问题式教学的关键点

大学英语口语问题式教学倡导遵循英语学科的教学规律和认知规律，将学生英语口语思维能力的发展贯穿在整个口语学习过程中，为学生英语学科的学习和教师的指导提供更好的学习载体、更多的学习资源和搭建更优良的学习平台，让学生能够主动、自觉地寻找和探求解决口语问题的途径，这对于学生的成长意义重大。

问题式教学的关键点之一："问题"。教学过程是一种指出问题和解决问题的持续不断的活动。因此，真正实现问题式教学，要通过问题的引领，在教学中设置形式多样、具有启示的口语问题，来引领学生英语口语思维的发展，使学生在发现问题、分析问题、解决问题的过程中，实现英语学科的有效学习。

问题式教学的关键点之二："情境"。问题要出现在情境当中，先以学生的认知水平和知识基础为起点设计恰当的教学情境，将教学目标与教学情境相结合，情境贯穿教学的全过程；然后基于真实情境设计开放性问题，构建问题的思维链条，使其成为学生发展口语思维的支架。

问题式教学的关键点之三："自主"。自主的含义就是学生才是真正的学习主体，学生通过分析、探究、实践等来实现学习目标，学生通过参与到英语口语问题解决的全过程之中来培养口语能力。

（二）问题式教学下大学英语口语教学策略

1. 提出问题

大学英语教师应该明白英语口语课程本质上是一门语言实践课，目的是培养大学生的英语口语表达能力及综合理解能力。要学好英语口语，最有效的方式是为学生创造良好的语言环境，而创造语言环境的方法之一就是提出问题。在实际教学中，很多英语教师投入了非常多的时间和精力，也在教学时不断创新和变化自己的教学方式，结果大学生学习英语口语的积极性还是不足。要提高大学生英语口语表达的积极性，英语教师必须注意以下几个方面：首先，英语教师要调动学生的积极性，确保提出的问题是符合大学生兴趣指向的，如果大学生对问题感兴趣，那么说话的欲望就会非常强烈；其次，英语教师提出的问题应该具有延伸性质，绝不是提出一个问题即可，要一环扣一环地延伸下去，此外提出的问题最好能够和大学生的真实生活相联系；最后，英语教师提问题前一定要做好充足准备，想好怎么提问，提什么问题，如何应对问题提出之后学生的反应等，这些都是英语教师应该提前考虑的。

2. 创设问题情境

问题式教学主张在实际教学情境中完成教学任务，为学生创设更加真实有效的情境。因此，英语教师必须将更多的精力放在如何创设问题情境上。无论英语教师创设什么样的问题情境，都要对以下几个方面内容做出充分考虑：第一，英语教师创设的问题情境必须建立在大学生掌握的语言要点、语言技能及文化背景的基础之上，确保大学生对这样的问题情境是熟悉的；第二，英语教师创设的问题情境最好建立在真实的文本、视频或者其他资料的基础之上，这样更容易被学生信服，学生也会投入其中；第三，英语教师创设的问题情境最好能够让学生在解决问题的过程中接触到大量可理解的，能激发学习动机、发散学生思维的语言信息。

3. 观察情况，随机应变

在实际教学过程中，很容易发现当代大学生在提到一些社会热点问题、网络游戏或者其他潮流性问题时，往往会表现出非常高的积极性，会针对这些问题进行热烈的讨论和交流，英语口语课堂的氛围也会随之变得非常热闹和活跃，甚至临近下课时间，学生的积极性依然有增无减。如果英语教师提出的问题关系到的是一些学术、历史等方面的知识，那么，有一些学生在此过程中会表现出不耐烦甚至反感的情绪和行为，很显然，学生的兴趣点并不在此。针对这样的情况，英语教师要随时观察，一旦发现学生的积极性不是很高，就要做好随机调整教学方向的准备，切忌就一个话题进行下去，否则学生的表达欲望只会越来越低。

4. 分组合作，提高积极性

问题式教学要取得良好的教学效果，需要将学生分成小组，有了小组，学生便能在课堂学习中寻找到归属感，有了小组，就有了共同的学习任务，可以分享学习成果。而且在各种激励机制的促进作用下，学生会越来越团结。例如，同一小组的学生，学习成绩及英语水平是有着比较大的层次差距的，在课堂发言时，如果小组中口语水平比较低的学生回答问题，那么小组其他成员都会竭尽全力地给予帮助和鼓励，该学生为了不给小组拖后腿，在课前会自觉做更加充分的准备。

此外，如果涉及小组中的某一位学生做课堂发言或者成果展示，其他小组成员都会非常投入地倾听和记录，并且会做出非常积极的回应。长此以往，在这样的学习氛围当中，即使以前一些发言并不积极的学生也会在这种氛围的带动之下参与谈论和发言，从而在潜移默化中提高英语口语表达能力。

三、基于微信平台的大学英语口语教学策略

（一）微信平台的功能

就微信平台而言，将其应用到大学英语口语教学中，其功能主要表现在订阅号和服务号这两方面上。借助微信订阅号，可以实时推送各项信息，并在准确信息的支持下开展与大学英语口语课程相关的教学。借助微信订阅号能帮助学生了解社会发展趋势，避免学生在进行英语口语学习时受到自身固有思维的限制，从而保证教学的开展效果，使学生在全面了解市场发展趋势的条件下全面参与到大学英语口语教学中来。

对于微信服务号来说，其是在订阅号基础上的升级产物，可以提供升级认证服务，引导学生严格遵循标准，合理计划并学习大学英语口语课程涉及的知识。同时，通过微信服务号还能为学生找寻各种信息提供支持，从而引导学生在更新自身思维方式的条件下深层次学习知识。

（二）微信平台支持下的大学英语口语教学策略

1. 布置课前预习作业

高校英语教师进行大学英语口语教学时，可以根据教学内容将口语知识点进行分层，将常用口语、中等难度口语作为课前预习作业，利用微信构建讨论组，将预习作业下发。同时借助微信检查学生的预习效果，使学生在教师的帮助下养成良好的学习习惯，为课堂英语口语教学的顺利开展奠定基础。例如，某高校英语教师结合课程教学难度，将课程词汇用法较少、句式较为简单的内容作为预习作业。教师利用微信组建讨论组，在上口语课前一天晚上六点半，以图片形式上传至讨论组中，由学生根据图片内容自主完成课程预习。在自主预习的过程中，学生可以对较难的知识点进行标注，在教师正式授课的过程中，学生可以有目的地进行学习，有效提升课堂学习效果。该校教师留给学生两个小时的时间进行预习，晚上八点半准时对学生的预习效果进行检查。教师利用微信的语音功能发送课程问题，被点名的学生拥有 10 秒时间进行作答，同样利用语音进行回复。所提出的问题可以是词汇含义，也可以是简单的语句练习，教师全程用英语进行提问，有效锻炼了学生的听力能力。该校教师将抽查时间控制在 15～20 分钟，避免抽查时间过长，引起学生反感。在完成抽查任务后，学生可以在讨论组或以私聊的方式向教师咨询课程问题。教师在回答问题的过程中，记录下比较难的知识点，在次日课堂上再次强调，借此提升课堂教学效果。

2. 拓宽口语学习渠道

在传统的英语口语课堂上，教师通常会根据课程知识点设计场景供学生练习，学生的参与热情较低。通过将微信融入大学英语口语教学，可以拓宽学生的口语学习渠道，激发学生的学习兴趣，进而延长学生对口语知识点的记忆时间。例如，某高校教师进行英语口语词汇讲解时，根据该知识点的主要应用场景，在网络上找寻与课程相关的电影视频，将该片段进行截取，上传至讨论组当中。同时，将班级学生划分若干小组，每个小组挑选不同的口语片段。在教师完成常规课程教学后，由小组成员上台进行电影片段演绎，在表演结束后，由教师对表演内容进行客观评价，指出学生英语口语表达存在的优点和不足，使学生可以有针对性地进行改进，使自身的英语口语水平逐步提高。该校教师利用微信公众号、讨论区等传播途径，在完成英语口语教学后，提示学生在表演时注意人物间的对话，使学生能够进一步加深视觉记忆，提高大学生的英语口语应用能力。

3. 丰富课堂教学模式

在互联网背景下，学生获取知识的途径不再单一，可以利用视频、图片、音频等方式进行课程学习。因此，教师可以充分利用网络的便捷性，将课程知识点融入视频或音频当中，将内容上传到微信讨论组当中，使学生可以在群组中自主下载，以防止学生上课分神，错过重要知识点的学习。并且在日常生活中，教师可以利用微信与学生讨论奇闻趣事，增加师生之间的互动。教师在英语口语课堂教学中，也可以适当引进新型的教学方式，以营造良好的学习氛围，激发学生的学习兴趣。

第七章　应用语言学与大学英语阅读教学

本章分为大学英语阅读教学现状分析、大学英语阅读教学的理论阐述、应用语言学指导下的大学英语阅读教学策略三部分。

第一节　大学英语阅读教学现状

一、学校方面

（一）教学模式单一

不同的学生在学习能力和基础知识的掌握上存在差异，所以教师要注重结合学生的实际情况开展个性化的教学，这样才能提高教学效率，促进学生的综合发展和满足不同学生的学习需求。然而，在大学英语阅读教学中，部分教师没有结合学生的个性化差异开展教学，所以导致个别学生的阅读需求无法得到满足，而有些学生因为阅读内容较难而打击了其阅读积极性。显然，这种单一的教学模式不能提高大学英语阅读教学的效率，久而久之还会降低学生参与阅读教学的积极性，无法达到培养学生阅读核心素养的教学目的，也无法提高大学英语阅读教学的效率。

（二）阅读教学资源缺少

阅读资源的缺少是现阶段大学英语阅读教学中比较常见的问题，也是影响大学英语阅读教学效率提升的主要因素之一。而造成这一现象的因素有很多，例如，在考试制度的影响下，个别教师过度重视学生的考试成绩，所以导致英语阅读教学的开展仅仅是为了完成教学任务。在这种对英语阅读教学缺乏足够重视的情况下所开展的英语阅读教学只是让学生阅读课本上的内容，而对课外英语阅读的开展没有引起重视，殊不知学生已经有了自己的思维能力和理解能力，并且正处在学习知识和获取知识的重要阶段，仅仅依靠教材中的英语阅读内容开展英语阅读教学无法完全满足学生的英语阅读需求。

二、学生方面

（一）词汇匮乏

目前，大学生在英语阅读学习中，其词汇量要求是掌握 2500 个单词。词汇的学习需要注重数量与质量，即学生在学习词汇时不仅需要了解其字面含义，也需要通过语义理解词语在语境中的含义。事实上，部分大学生在记忆英语单词时仅注重汉语意思的理解，无法灵活运用语言环境下的词语。而词语理解得不细致，往往会导致学生无法有效进行语法结构的梳理，无法掌握英语阅读中的含义。

（二）缺乏阅读技巧

高校学生在进行英语阅读的过程中会存在阅读速度较慢的问题。首先，由于学生存在盲目性阅读的现象，无法依据材料进行文章的精读与略读，导致其英语阅读效率低；其次，学生在英语阅读的过程中只注重逐个单词的理解，缺乏对于文章词组、意群的分析，进而导致学生英语阅读存在速度慢的情况；最后，学生因担心理解错误，会出现一个句子重复阅读的情况，进而导致无法科学有效地把握段落以及词语的含义。

（三）缺乏阅读兴趣

我国大学生英语基础薄弱，其在英语学习过程中往往会因成绩的落差而丧失信心。不仅如此，部分学生在进行大学英语阅读时存在意志不坚定，无法充分调动自身的眼、脑、口、手，故而导致进行英语阅读时容易半途而废。

（四）缺乏学习动机

研究表明，80% 的学生的英语阅读学习是被动的，他们简单地认为英语阅读学习的目的就是通过期末考试和大学英语四、六级考试。又加上英语是他们的外语，没有特定的语言环境，所以部分学生对英语阅读学习缺乏自信心和动力。

（五）缺乏相关人文知识

部分学生认为，只需要增加词汇量和学习语法知识就可以提高英语阅读能力，其实不然。大学英语阅读内容涉天文、地理、文化、政治、经济等方面的内容。如果学生对英语国家的文化传统、风俗习惯、历史等方面的知识了解不够深入，那他们对文章的理解就会出现偏差甚至是歧义，进而英语阅读效果也不尽人意，其阅读能力也很难得到相应的提高。

三、教师方面

（一）教师教学水平亟待提升

部分英语教师长期采用传统的教学模式开展教学活动，语言交际能力有限，不能科学设计教学内容、合理规划课堂流程，导致大学英语阅读教学没有取得应有的教学成效。

（二）阅读内容难度系数偏大

通过课堂观察发现，学生存在一边阅读一边查词的现象，部分学生在阅读文章的过程中只注重理解文章中的生词和短语，难以理解文章的整体意义，原因在于阅读材料难度系数大，学生读不懂材料。而部分教师在教学过程中只关注词汇、语法等问题，而忽略了对文章内容重点和难点的突破，没有从句法篇章的角度对文章进行讲解，这不仅没有帮助学生理解文章，反而增加了文章的阅读难度。由于对英语阅读的重难点把握不准，致使学生在英语阅读的过程中难以突破阅读难点，更不会针对不同的体裁和阅读目的选用恰当的英语阅读策略，所以学生原有的背景知识也很难被激活，进而其英语阅读能力也没有得到提升。

第二节 大学英语阅读教学的理论阐述

一、大学英语阅读教学的理论基础

（一）图式理论

"图式"一词最早是德国哲学家伊曼努尔·康德（Immanuel Kant）在其著作中提出的。美国人工智能专家在20世纪70年代将图式这一概念发展成完整的理论。该理论认为人们在理解新事物时，需要把它和过去的经历和已知的概念，也就是背景知识联系起来。例如，人们谈到中秋节，就会联想到圆月、月饼、团圆饭、玉兔、嫦娥等。这是大脑对有关中秋节的图式发生了作用。该理论认为，在大学英语阅读教学及学习中，不是单纯地采用"自下而上"的被动解码方式，而是要和"自上而下"这个模式互相作用，形成同时加工语言信息的一个相互交流的过程。因为自下而上地处理信息能够保证学生发现新信息，而自上而下地处理信息能够有效帮助学生消除歧义，并在可能的意义上做出正确选择。

1. 图式的种类

对阅读而言，图式分成三种类型：其一，内容图式。通常情况下，内容图式与文化背景、常识有关，强调学生对涉及主题的熟悉程度。所涉及的内容是相对广泛的，需要熟知部分文化常识与背景，这是理解文章的依据。其二，语言图式，强调学生对阅读材料的掌握程度。众所周知，文章是由句子组成的，句子是由单词、词组构成的，学生要真正理解文章的含义，就必须熟练地掌握大量词汇。学生只有全面掌握词汇、语义，才能够掌握文章的全部内涵。其三，形式图式。一般来说，形式图式代表的是整篇文章的布局与结构，强调学生调用内容的能力。学生在阅读英语文章前，要先分析文章的框架，掌握其特定组成及形式，进而判断文章的体裁，这有助于提升大学英语阅读教学的效果。

2. 基于图式理论的阅读模式

基于图式理论的阅读模式，能够最大限度地呈现交互性思想。图式理论强调阅读理解是文本信息与图式交互作用的过程。学生在将文本材料中含有的信息与记忆中的图式联系到一起后，便能够深层次地理解语言材料中所蕴含的含义。图式理论是由"自上而下"和"自下而上"两个过程构成的。学生采用"自下而上"的方式，能够对语言材料中的文本材料进行预测、验证以及消除歧义，有助于加深理解与记忆；采用"自下而上"的方式能够激活学生记忆中的相关图式。两个过程充分交互，有助于学生更好地理解与掌握英语文章的含义。总的来说，学生通过对图式理论的合理、科学运用，能够将英语阅读文本与掌握的知识相融合，重新唤醒脑中的图式，进而更好地理解英语阅读文本。

3. 图式理论在大学英语阅读教学中的应用

（1）读前预测法

阅读中的读前阅读就是读者对阅读材料的标题、图表、内容等在通读之前进行预测，充分发挥内容图式的作用。在大学英语阅读教学中，很多学生的英语阅读量不够，并且没有充分认识到读前活动的重要性，导致在英语阅读教学活动开展期间无法精准、快速地理解语篇的含义。对此，英语教师要充分运用图式理论原理，在读前组织各种各样的活动，例如，运用插图的方式暗示语篇的内容与主题，运用相关策略来引导学生通过对标题的分析，在此基础上对语篇的内容、作者态度以及文章主旨进行判断与分析，不但能够促使学生进入积极的阅读状态，而且在提升学生的预测能力方面也有着重要的意义。在此背景下，学生阅读文章的速度会逐渐加快，对文章的理解也会加深。当然，预测不可能百分百正确，如果学生预测的结果与文章内容有很大不同，就会降低学生阅读文章的兴趣，甚至放弃阅读。因此，加强对内容图式理论的运用显得格外重要。需注意的是，由于大学英语阅读教学材料非常丰富，因此对于不同类型的语篇还需要采用具有针对性的预测方式，当然除了根据标题来对语篇内容与宗旨进行初步预测外，还可通过对图式理论的合理运用，根据语篇中的中心句及关键词来展开预测。总的来说，学生运用图式理论，有助于掌握语篇中的含义、宗旨，同时能够激发学生英语阅读的积极性，实现英语阅读效果的进一步提升，从而达到读快、读透的目的。

（2）读中激活法

在进行大学英语阅读教学时，阅读理解不仅受文章内容的影响，还受文章结构的影响。不同语篇的结构存在着一定的差异，因此要尽可能地激活学生的形式图式，根据文章体裁运用不同的方法。具体来说，说明文的语篇结构是较为灵活的，因为它通常情况下会说明现象，对特征、变化、性能等做出阐释，即便文章结构较为复杂，但它具有脉络清晰、主题明确的特征，所以说明文普遍会运用图表法、比较法、举例法、定义法等方法。议论文一般通过例证的方式展开，它的三要素是论证、论据、论点，因此，只有厘清语篇的逻辑才能把握中心。分析议论文的结构通常运用提出问题、分析问题、解决问题的方式，描写文或叙事文一般会以逻辑、空间或时间为线索，需要抓住语篇线索与事件间的关系，进而加深对语篇的理解。在大学英语阅读教学的过程中，学生要全面了解不同的文章体裁，这有助于他们更好地理解语篇内容。所以，教师要充分运用图式理论，指导学生通过分析文章的形式来厘清文章内容是如何安排的、文章各部分的主题、段落间的逻辑关系，提高学生的阅读理解能力和逻辑思维能力。

（3）读后巩固法

所谓读后巩固法，是指将语言图式和形式图式理论运用到英语阅读教学中，让学生在阅读期间可以对记忆中的相关内容进行调取。由于大学英语阅读教材中的语篇内容十分丰富，那么想要促进学生更深层次的理解，英语教师有必要通过分析语篇中的内容、语言等方式，对其进行巩固，在此背景下对学生已经掌握的图式进行整合。除了有助于让学生加深对所学知识的印象外，还可以帮助学生掌握新的知识。在语篇阅读结束后，教师可以为学生提供丰富的图式变式，加强对已有图式和重建图式的科学运用。在运用读后巩固法的过程中，可以让学生改写课文，帮助他们回忆学过的词汇、短语、句法等内容，有助于巩固所学图式；让学生绘制语篇组织结构图,进而把握语篇中各个段落的层次关系,并对主旨框架进行提炼,巩固阅读效果;也可以引导学生进行课外阅读,在建立新的图式、丰富图式方面,课外阅读有着十分重要的意义。

(二)语篇分析理论

1. 语篇的含义

在不同学者的著述里,"语篇"有不同的含义。韩礼德与哈桑(Hasan)将语篇视作语义单位,即不是形式单位,而是意义单位,并提出它具有结构和特征上的整体性。从英语教学的角度看,语篇作为语言的载体,是用于表达意义的语言单位,包括口头语篇和书面语篇。语篇可以是一个单词、一个短语或词组、一句话或几句话,也可以是一首歌或一则日记、一本书甚至几本书。无论语篇以何种形式出现,它的各个成分都是互相连贯的,既包括与外界语义和语用上的连贯,也包括语篇内部语言上的连贯。总之,它所表达的是整体意义。

2. 语篇分析理论的含义

美国结构语言学家海里斯(Harris)在 1952 年首次提出了 "Discourse Analysis",这是现代语篇分析的起源。语篇分析也叫篇章语言学,其研究对象是口语或书面语中的语篇内部的组织规则及其相互关系。它的研究重点是语篇各部分之间的相互关系以及它们如何构成一个有价值的整体。语篇分析是在保证语篇完整性的前提下的一种解读性活动,解读语篇句际间、段际间、部分与整体间的关系及功能,分析语篇的语境、结构、衔接手段、叙事方式等。此方法最突出的优势在于能让读者从语篇整体上切入,由此更好地来了解作者观点及写作目的,帮助读者挖掘语篇蕴藏的深层次含义,从而综合性地理解文章。

3. 语篇分析理论在大学英语阅读教学中应用的必要性

阅读理解实际上是读者对文本的解码过程。传统的教学将重点放在词汇和语法上,因此学生在做英文阅读理解时通常把英文单词翻译成中文,然后根据语法分析句子,对文本意义的理解通常是各个句子意义相加的总和,这样就导致学生英语阅读速度缓慢,对篇章整体信息把握不足,无法充分理解整篇文章的含义。语篇分析以语篇为出发点,可以帮助学生从整体上分析句子与句子之间、段落与段落之间的衔接关系及相关意义和逻辑思维的连贯关系,帮助他们通览全文,找出中心思想,从而培养和提高学生的分析、归纳和综合推理能力,提高他们的英语阅读速度和英语阅读效率。

阅读应该是读者与作者之间的一种双向交流活动，是一个互动的过程。在创作时，作者会潜意识地设想读者的存在，并想象读者对作品的反应。作者遣词造句的方式、对文章体裁的选择等都受这种潜在意识的影响，其最终目的是传递信息。篇章是作者传递其意图的工具，而读者则理解作品中的文字，并将之转变成活的思想，因此阅读是读者与作者进行思想交流的过程，而篇章是读者与作者交流的媒介。传统的大学英语阅读教学停留在表层词汇含义、语法结构上，虽能帮助学生打下较坚实的语言基础，但使学生一直处于一种被动接受的地位，在英语阅读中缺乏主动性，不能主动地去进行思考和分析，也就造成了学生与教材作者之间的"交流不畅"。语篇分析理论则重在引导学生剖析蕴含在英语语篇中的信息，从而更好地理解作者的观点和文章的含义，提高英语阅读的效率。

将语篇分析理论运用在大学英语阅读教学中，比运用在小学、初中以及高中英语阅读教学中的效果会更好些。现阶段，中国的学生从小学就开始学英语，等升入初中、高中、大学，学习的英语单词会越来越难、学习的句子结构会越来越复杂，同时，对英语的掌握也越来越熟练，借助母语思维进行阅读的方式也有了很大的变化。小学生、中学生由于思维比较简单，进行英语阅读时，通常把每个单词的意思翻译成中文，再把所有单词的意思连接起来形成一句话的意思，而不常分析句子的结构；而大学生在进行英语阅读时，除了会翻译每个单词的意思，还会分析整个句子的结构，甚至还会感受句子的语境，从而将整个句子理解得更为透彻。大学生的这种微观与宏观相结合、考虑语境的思维方式与语篇分析理论十分契合。因此，将语篇分析理论运用在大学英语阅读教学中是有效而且很有必要的，能够有效促进大学生英语阅读能力的提高。

二、大学英语阅读教学的基本模式

（一）ESA 教学模式

1.ESA 教学模式的三要素

20 世纪 90 年代末，英国英语教学专家亚蒙·哈默（Armand Hammer）提出 ESA 教学模式，认为如果提供丰富的课堂环境，学生的语言知识将被激活，可理解的输入将促进自发的交流。因此，哈默提出在任何教学情境下，教学过程都应该包含投入（engage）、学习（study）和运用（activate）三要素，并组合形成三种不同的课型，即直线型、反弹型和杂拼型。

(1)第一个要素"投入"

它是课程的开始和基础。这一阶段要求教师尽可能地激发学生的学习兴趣,其目的是通过各种活动和方法使学生的目光集中在语言材料上,引导他们参与到课堂中来。学生可以通过游戏、音乐、图片、故事等多种方式有效地投入学习中,从而牢固、清晰地掌握学习要点。

(2)第二个要素"学习"

它是整个课程的中心。在教师的指导下,学生分析语言材料,掌握相关的发音、单词和语法结构。在这一步骤中,还要完成对信息和文化背景的理解。教师在了解教材和教学背景的基础上,指出并讲解重点,使学生掌握语言知识和语言形式。学生可以在准备的过程中找到语言规律,也可以通过小组学习掌握学习方法,提高归纳总结的能力。

(3)第三个要素"运用"

它在课堂上起着至关重要的作用,其目的是帮助学生自由和有效地应用语言。哈默解释说,它在语言形式和具体知识点上并不重要。学生能够有效、恰当地将所学语言运用到特定的语境和真实的话题中,是语言习得中最重要的一点。

2.ESA教学模式的三种课型

(1)直线型模式

直线型模式是最简单、最基本的一种模式,更适合初级语言学生。教师首先必须充分调动学生的自主性和学习兴趣,引导他们积极地进入自主学习状态,然后让学生提前准备相关语言材料。

(2)反弹型模式

反弹型模式是教师首先引导学生进行输入,然后再跳过学习阶段直接进入应用阶段,让学生在学习语言内容之前先进行语言项目的练习。接着,教师总结在活动中可能会出现的各种语言失误和其他学生在实践中所遇到的问题,使学生在实际的活动中避免此类问题,并对学生的学习进行检验,直到所有的学生都能够完全熟练地掌握。

(3)杂拼型模式

杂拼型模式更加灵活有效。在实践教学中,ESA教学模式的三个基本要素被灵活设计成多个ESA组合顺序,更有利于学生的语言学习和实践交流,激发了学生的学习兴趣。

3.ESA 教学模式的理论基础

（1）输入假说

克拉申在其专著中提出了输入假说，他强调，学生必须接触目标语言，理解第二语言输入材料。第二语言输入的语言技能超过了现有水平的学生侧重于对意义和信息的理解，而不是对形式的理解，从而产生有效的习得，即命名为"i+1"，"i"指学生目前的水平，"1"指与最近发展区相似的更高水平的语言材料。在他看来，"i+1"输入等于"可理解输入"，这需要学生迁移足够的语言材料积累和能力来自动理解。

克拉申的输入假说理论认为，在中国，英语学习的规则和策略是第二语言习得的基础，可以应用到外语学习中。根据输入假说理论，可以推断背景知识在语言学习中起着至关重要的作用。背景语言相对简单，具有吸引力，有助于理解新的相关目标语言。通过采用 ESA 教学模式，学生在了解背景知识的基础上，在熟悉的语境中更好地理解语言材料。相关主题能激发学生的兴趣，激活相关的知识储备，促使学生沉浸在教学内容中，积极参与到课堂中。因此，教师应该寻找各种方法帮助学生进行可理解性输入，如建立熟悉的语境、营造轻松的氛围、开展有趣的活动、讲述背景知识等，以激发学生的动机和信心。

（2）输出假说

输出假说理论认为，学生可以通过输出练习不断增强语言的流畅性。可理解输出在二语习得中有三个功能，即注意/触发功能、假设检验功能、元语言反思功能。注意/触发功能，即语言输出活动可以促使学生发现语言表达中的问题和错误。学生可以意识到自己的水平与目标语言之间的差距，从而在语言学习的过程中促进认知发展，获得新的语言知识，巩固初级语言知识点。假设检验功能将语言学习的过程视为假设目标语言的过程，学生根据反馈调整可理解输出。无语言反思功能强调学生对语言的运用，有助于加深对语言形式、功能和意义的理解。

ESA 教学模式强调为学生提供虚拟的、具体的交际情境，让学生在课堂上学习目标语言。哈默提出 ESA 教学模式的目的是在特定的语境中，通过有目的地产生可理解的语言知识，帮助学生理解和掌握语言。在可理解输出方面，ESA 教学模式与输出假说有一定的相似之处。它们都认为完成语言知识积累后的可理解输出在英语阅读学习中起着至关重要的作用，在大学英语阅读教学中应将可理解输入与可理解输出相结合。

（3）建构主义理论

根据建构主义理论，学生应该把英语阅读内容与自己的经验和社会现实结合起来，然后认真提高自己分析问题和解决问题的能力。ESA 教学模式更注重学生的主观努力，鼓励学生通过各种活动进行自主学习。ESA 教学模式并没有完全否定传统的教学方法，它肯定了教师的地位，把教师讲解作为一种新型的学习手段，重视教师的促进作用，充分体现了建构主义学习与教学的基本理论。建构主义理论强调"协作学习"，而 ESA 教学模式则大力推崇小组协作的活动及"协作学习"在意义建构中的关键作用。

（二）支架式教学模式

1. 支架式教学模式的理论基础

支架式教学模式是大学英语阅读教学中的重要教学理论。"学"是指学生自我构建的过程，"教"是教师帮助学生构建新知识的过程。在这个过程中，通过教师的指导和促进，学生能不断提升自我，更深层次地挖掘潜力，汲取知识，发展能力。支架式教学模式的理论基础有很多，其中最主要的来源是建构主义理论、最近发展区理论及支架理论。

（1）建构主义理论

建构主义理论认为，学习不仅仅是简单地获取新信息、新知识，而是在已有知识和经验的基础上，在一定的环境中，学生主动对新信息、新知识进行加工及建构。学习不是简单的记忆，而应该通过学习活动和现有的认知结构来处理新信息。在这个过程中，每个学生根据自己的原始经验系统识别和编码新信息，以构建自己的理解。同时，通过引入新的经验来调整和改变最初的认知。建构主义理论是根据行为学派和认知发展学派的理论发展起来的。该理论强调学生在情境中的合作学习。建构主义理论认为，学习是一个过程，学生通过对事物的体验和反思来建立自己对世界的理解。瑞士心理学家皮亚杰的认知发展理论表明，学习是一个主动的过程，而不是被动的过程。教师应注意以下几点：学习应服务于现实世界，学生应学会更好地适应世界；教师应考虑学生的学习目标；教学目标要真实，让学生在日常实践中学习、掌握技能；给学生自由，让他们充分享受独立解决问题的感觉，给他们鼓励、指导和帮助，而不是代替他们完成学习任务；引导学生反思和评价自己，从而在自我批评中取得进步。支架式教学是建构主义教学观的一个分支。在教学过程中，教师是学生意义建构的引导者，要努力培养学生的自觉意识和元认知能力，利用情境、协作等要素，最终使学生完成对所学知识的建构。

（2）最近发展区理论

苏联著名心理学家维果茨基（Lev Vygotsky）提出的"最近发展区"理论是指"儿童独立解决问题的实际发展水平与在成人指导下解决问题的潜在发展水平之间的差距"。最近发展区的概念被广泛用于研究学生的心理发展。教学的本质特征是鼓励学生开发自我潜能。好的教学应该在"最佳教学区"（在最低教学极限和最高教学极限之间）内。只有针对最近发展区的教学，才能真正促进学生的发展。教师应设计超越学生现有能力的任务，这就要求教师在教学之前对学生现有的知识水平及能力进行充分的掌握，继而才能在支架式教学中，为学生的发展提供支架和支持，促进学生在原有知识的基础上内化新知识，从而帮助学生跨越"最近发展区"。

（3）支架理论

在教育领域，"支架"这个概念最早由美国教育心理学家布鲁纳（Bruner）提出，原指建筑中临时搭建用于支持建筑物的脚手架。在教育领域，脚手架是一种隐喻。在语言习得的过程中，儿童依靠成人的帮助搭建学习的临时框架，支架即帮助儿童学习语言和建立有效沟通的语言工具。熟练的参与者（教师）在课堂中为学生建立支架（支持），通过支架把管理学习的任务逐渐由教师转移给学生本身，学生通过自主学习，将现有的知识和技能提到更高的水平。支架式教学模式有以下特点：教师以开发学生的"潜在发展水平"为教学目标；教师为课堂设计有启发意义的、有问题情境的教学活动；教师要利用支架引导学生自主探索，让学生逐渐拥有自主解决问题的能力；教师在教学过程中不断给予学生积极的回应及反馈；支架需在学生的"最近发展区"内，用具有挑战性且合适的任务来促进学生学习能力的发展；在教学过程中，教师需要及时调整支架，以适应学生学习水平的发展变化。

2. 支架式教学在大学英语阅读教学中的应用

在支架式教学中，教师为学生搭建脚手架，在真实的任务环境中，激发他们的学习兴趣和热情，引导学生自主学习，将新知识融入他们的旧知识结构，并对他们的学习过程进行有效的评价，从而实施有意义的建构。在教师的支持下，学生自主完成知识的主动建构。因此，支架式教学是一种互动教学方式，通过互动对话、交流和合作，教师及时提供帮助和建议，并逐步取消支架，使学生最终能够独立实现其学习目标。

（1）支架的设置

支架式教学以建构主义理论、最近发展区理论和支架理论为基础。它强调，教学任务通过教师的支持逐步转移到学生身上，在学生不断进步的过程中，支架逐渐减少，直到被取消，最后，学生可以在没有帮助的情况下独立完成学习任务。如何设置合适的支架是教学实践中最难把握的。设置的支架应与学生的现有水平相关，在英语阅读教学过程中，教师可以唤醒学生原有的相关知识和经验；支架的设置是为了促进学生现有水平向潜在发展水平的转换，太难或太易的支架都不利于学生进行知识建构，只有让学生努把力就可以够得着的支架才是合适的支架。

教师在课前应设计一定数量的预期支架，但不应该在课堂中盲目地根据预设的问题和情况进行教学，而应根据课堂实况及时灵活地生成和调整一些新的教学支架，并相应地修改或删除预设的课前支架，否则将无法实现支架式教学的有效性。例如，当学生的学习发展到一定程度，支架就会逐渐从学生的学习活动中消失。教师"淡出讲台"是学生成长的需要，否则学生将永远无法发展自主学习技能。鼓励、解释、问题、提示、反馈和演示都是支架，使教学互动恰到好处，这就为学生的学习架设了最好的教学支架。

（2）教师与学生在支架式教学中的关系

在支架式教学中，学生是教学的主体，教师则是学生的促进者和协调者。教师把握课堂活动的整体方向，不再是知识的传播者，也不是完全的辅导者，以学生的需求为出发点来设置支架，营造良好的学习氛围，促进学生自主探索。支架式教学体现了平等、友好、民主、合作的师生关系。通过这种关系，可以充分调动教师教与学生学的积极性。教师和学生设定目标，学生将更积极地参与学习过程；教师应具有较强的敏感性，并积极诊断学生的需求，随时关注学生的学习状况以便及时调整支架。

（3）阅读教学中的评价及反馈

在支架式教学中，教师应采用总结性评价和过程性评价相结合的方式来对学生进行考核。总结性评价是在相对完整的教育阶段结束后，对教育目标实现的程度做出评价。过程性评价是在教育活动进行中，对学生的知识、技能等方面进行监控与评价。两种评价方式的结合保障了教师能够做到既关注教学过程，又关注教学成果。在以学生自主学习为特点的网络环境下，过程性评价扮演了非常重要的角色。由于网络环境下的支架式教学评价呈现出多主体化的趋势，学生更应该得到及时准确的反馈。例如，现场言语反馈、文字反馈、测试反馈等，所有的反馈方式都有助于教师对教学方式的改进。无论是哪种反馈，都应该及时、准确。

建立科学全面的评价机制有助于教师理性思考自己的课堂角色，不断促进教师角色的合理化。

（4）现代技术的辅助

近年来，随着信息技术的发展，计算机网络给予学生多方面获取信息和知识的途径。现代技术也为支架式教学的应用提供了可靠的技术保障。学生可以使用网络独立完成教师布置的家庭作业和其他任务，还可以收听英语广播，关注英语公众号，使用英语学习软件，在自主学习的过程中培养收集和分析信息的能力。网络也为学生之间的协作学习带来便利，学生可以随时交流学习资源，讨论彼此的观点和想法。现代技术的发展为大学英语阅读教学中支架式教学的应用提供了有效的辅助。

第三节 应用语言学指导下的大学英语阅读教学策略

一、基于语篇分析的大学英语阅读教学策略

（一）采用交互作用模式

在大学英语阅读教学中，单词是英语阅读教学的基础，它就像是房子的砖瓦一样，因此教师在英语语篇教学中通常会先讲单词、短语和句子，并且把整个语篇当作各个句子意义相加得出的意义总和，最后学生得到的信息就是来自语篇句子层面的意思。教师在教授语篇教学时通常会采用"自下而上"的模式，即学生对语篇的理解是从较小的单词单位到较大的语篇单位，从低到高，一步步深入。这种理解只是对语篇表层信息的理解，并且学生在阅读语篇时着眼于单个的词、句，读起来很辛苦，速度比较慢，理解也不全面，没有把语篇当作整体去理解真正的语义。为了纠正"自下而上"模式的不足，也有教师采用"自上而下"的模式，也就是在语篇教学中强调对其背景知识的导入，根据语境对文章进行有意义的猜测，阅读语篇的过程就是猜测、求证、修改、再预测的循环过程。

然而，在语篇教学中单独使用其中一种方法不可取，在阅读中经常将两种方法结合在一起使用，这样才能真正地理解语篇的全部语义的内容。教师在进行语篇教学的时候要转变固有的教学理念，不要只采用一种方法进行语篇教学，而是将两种模式灵活地结合起来，不仅让学生理解单句的意思和掌握语言知识，而且让学生站在语篇的高度上全面透彻地理解全文语义。

（二）采用多样化课堂教学形式

语篇教学的目的除了让学生掌握相应的语言知识和文化知识外，还要求培养学生的语言技能和学习策略，让学生成为一名独立、高效率的阅读者。教师可以让学生在课堂上练习寻读和略读，让学生掌握语篇中的主旨大意或者相关内容的细节信息。而对于语篇更深层次的意义，需要学生掌握更多的语篇技能和阅读策略。

（三）设计多样化的语篇读后练习

学生在阅读语篇时往往局限于语篇的词句等表面信息，未将语篇当作一个整体去理解。根据课堂观察，通常在考查表面细节题时学生做得比较好，如果涉及语篇中作者的观点、指出某个词在文中的意思或者某个句子表明的意思，或是对语篇中的信息进行推测时，大多数学生就不会了。学生出现这样的情况是因为他们平时的语篇读后练习形式过于单一，内容比较浅显，没有从语篇整体的角度去分析。针对这样的问题，我们可以教学生找段与段之间的逻辑联系词，判断上下文中代词所指代的内容，按照语篇大意填写合适的词语，根据语篇逻辑顺序排列句子的顺序等。

二、基于分层处方教学模式的大学英语阅读教学策略

（一）自觉接纳分层处方教学的理念

大学英语阅读分层处方教学是建立在尊重每一位学生和学生个体差异的客观事实基础上，追求学生共同进步和全面发展的一种教学理念，从本质上讲，其体现的是一种"以人为本"的教育理念。处方教学在对待全体学生的关系上，强调尊重生命的独特性，尊重每一个学生，尤其要尊重学业成绩落后且心存自卑的学生；强调教师要具有人道主义情怀，对学生有发自内心的关爱，不仅要尊重学生的个性，还要注重塑造学生的个性，应该对每个学生的未来与发展充满期待和信心。人的任何社会实践都是意识先行，只有内心真正认可和接受，才会自觉自愿地去尝试、实践和推行。教师的教学理念是教师个人在教学实践过程中，通过内因与外因的相互作用，加上合理的反思逐渐形成的。教师只有从内心认可和接纳大学英语阅读分层处方教学的教学理念和其背后的价值追求，才能在自己的教学活动过程中有意识地、自觉地践行分层处方教学，不断提升专业发展水平。

（二）合理进行教学分层与教学诊断

教师在进行大学英语阅读分层处方教学时，首先要对学生进行合理的分层，这就必须考虑学生的初始水平，即学生在进行新的英语阅读内容学习前已经具备的知识技能基础以及对相关学习内容的认识与态度。学生英语阅读的初始水平与教学目标规定所要达到的水平之间的差距就是学生的学习需要。教师要根据学生英语阅读的初始水平对全班学生进行前测，如有必要可连续进行三次以上相同难度水平的测试，以确保测试的信度，从而对学生的分层做到客观合理。另外，由于不同学生英语阅读起始水平存在差异，虽然全班教学目标水平要一致，但是这是一种理想的状况，在教学实践中，学生的学习需要一定是存在差异的。因此，教师要通过设计调查问卷、深度访谈、有声思维等方式关注和了解学生的个体差异、个性特征、学习特点、学习风格，如语言水平、动机、态度、文化背景、焦虑感程度、自尊心等，对其英语阅读水平和现存主要问题进行较为科学与合理的诊断。总之，对学生进行合理的教学分层与教学诊断是大学英语阅读分层处方教学的必要条件。

第八章　应用语言学与大学英语写作教学

本章分为大学英语写作教学现状分析、大学英语写作教学的理论阐述、应用语言学指导下的大学英语写作教学策略三部分。

第一节　大学英语写作教学现状

一、学校方面

（一）教学培养定位不清

根据《大学英语教学指南》的要求，英语写作应该以"增强学生运用英语开展交流"和"提升学生英语素养"为目的。所以，大学英语写作课程要将"英语交际能力的培养"作为本质目标。但在具体的课堂活动中，部分教师过于重视学生语言形式上的对错，造成学生在语言表达正确性方面投入大量精力，而忽略了写作内容上的交际性、思想性，限制了学生英语写作素养的提高。

（二）写作题材与体裁狭窄

英语写作本身是一项较为"宽泛"的工作，学生应当"随心所写""随心所想"，但部分高校英语教师在开展写作教学的过程中，通常习惯于为学生"画圈圈"，将学生局限于圈子内展开写作。例如，规定写作的范围、内容，或者限制写作体裁等，导致学生难以放开思想，写出来的内容格局不够。再如，在练习英语写作的过程中通常是写议论文、图表作文等，偶尔会写私人书信、日记等，无法达到《大学英语课程教学要求》中提到的"在今后工作与社会交往中能用英语有效地进行口头和书面的信息交流"的目的。

（三）缺乏专门的写作指导课程

在大学英语教学中，写作教学是较为关键的一部分，学生是否具备较强的写作能力，直接影响着其英语综合素质的提升。传统的"附加式"写作教学将写作叠加在每节课的教学中，显然难以满足学生对英语写作学习的需求，因此需要构建专门的英语写作指导课程。但现实中，我国一些高校没有开设专门的英语写作指导课程，只是采用"附加式"教学。英语教师在讲解教材知识或者讲解语法知识的过程中，附带对英语写作内容进行讲解，这导致很多学生学习到的写作技巧、写作方法等内容少之又少，取得的写作效果不理想。此外，部分学校虽然开展了专门的读写课程，但是缺乏专业读写教材，且读写课程与听说课程较少，不利于学生英语写作能力的提升。

二、学生方面

（一）传统应试教育的学习观

在进入大学之前，学生大多接受的都是应试教育，着眼于如何取得更高的分数，这种应试环境使得师生将获取较高的考试成绩当成学习的目的，学生学习的重点也就放在了如何快速提升卷面成绩之上，强调通过一遍又一遍重复的机械记忆来进行学习，从而忽视了学习英语可以促进学生思辨能力的发展。在这种以应试为目的的风向标下，学生大多进行机械式的重复、仿写，并未对异国的有关历史背景和生活方式进行了解，这也使得学生的知识存储较少，不能在思维的碰撞中产生独立思考的火花。在应试教育的背景下，英语教师在课堂上也往往将知识教学放在优先位置，更加重视语言的形式，而不是语言背后的意义。这在大学英语写作教学领域则显得尤为突出，教师更多的是关注写作过程中与句子相关的词汇、句型、语法等，而对语言所在背景下的含义以及所表现的作者思想不够重视，这也就导致学生在写作过程中只止于表面，缺乏对深度问题的思考，当涉及较有深度的领域时则表现得无话可说，所写的作文往往中心思想不够明确，且常常结构较为混乱，缺乏逻辑性。

所有事物的形成都有一个过程，写作能力的提升也不例外，应试教育使得教学过程注重结果，而忽视了过程的重要性。许多学生在此基础上将目标投向了万能模板，企图通过修改关键词来快速完成一篇质量较高的英语作文。从某种程度上讲，万能模板在形式上启发了学生写作的逻辑，通常是文章首段解释现象、引出观点，中间段落分条概述观点，最后总结并再次强调观点。万能模板往往在谋篇布局上比较精良，让学生从多个角度分析同一个问题，但是，万能模板需要学生填充的部分才是学生自己真正的观点，能够体现思辨能力，其在促进学生提升思辨能力方面收效甚微。

无论是传统应试教育的学习观，还是教学过程中万能模板的产生，都能够突出当前大学英语写作教学过程中对思辨能力培养的忽视，对结果的关注使教师并没有注意到英语写作在发展思辨能力方面所能起到的重要作用。

（二）英语写作能力存在问题

1. 缺乏写作技巧

英语写作技巧的欠缺是高校学生普通面临的难题。一方面，在写作前，缺少必要的整体构思环节，写出来的内容往往四处拼凑、行文随意；另一方面，过多重视句法，忽略了相邻句子及段落的衔接，导致前言不搭后语，整篇文章连贯性较差。造成此种局面往往是由于学校未单独开设英语写作必修课，写作教学多数情况下被安排在课后练习环节，课时限制导致教师不能系统性地展开大学英语写作教学。

2. 学生主动性不高

在传统的英语写作课堂中，学生主要是结合教师所提供的话题开展课下写作练习，这些话题一般学术性较强，与学生的实际生活距离较远，再加上缺少实际情境，学生的学习兴趣不高。长此以往，学生英语写作的主动性受到影响，有的学生甚至出现厌倦英语写作的情况。

3. 语言基础水平较低

高校学生在英语写作实践中，由于语言基础能力薄弱，掌握的词汇量有限、语法不规范，缺乏语篇衔接能力，经常会出现错误拼写、结构混乱、逻辑不缜密、词语滥用或误用、段落或篇章条理性差、语义不连贯等问题。

4. 写作缺少实质性内容

高校学生在英语写作上存在思路无条理、语篇结构混乱、写作内容空洞等问题，而写作内容的挖掘则是最大难点。部分学生在面对题目时，经常会感到束手无策，甚至陷入"无话可说"的尴尬局面。因而所写的文章没有实质性的内容，往往词穷语尽、空话连篇、缺乏变化。

5. 受母语迁移的负面影响

高校学生在英语写作上，尽管熟练掌握英语语法规则，但由于从小接受的文化不同，造成了母语负迁移和思维模式上的较大反差，养成"中国式"的写作习惯，加之不熟悉英语语篇构建规律，总是下意识地将汉语语篇构建规律迁移到英语写作中，导致句法、段落乃至整篇结构都是以"中国式"的作文模式体现的。

6.学生英语思维缺乏严谨性和全面性

要想创作高质量的英语文章，扎实的英语知识基础及良好的思辨能力缺一不可。大学英语写作教学中经常涉及写作任务，有些学生对英语写作有抵触心理，为了完成英语文章绞尽脑汁，写作效率和写作质量却无法得到保证，上交文章后缺乏反思，写作能力很难提高，英语写作积极性受到抑制。部分学生在日常学习中不能坚持积累英语词汇，对于教师提出的问题也不能积极思考，思维易受到他人的干扰，思辨能力较差，习惯于套用固定模板进行写作，难以创作高质量的英语文章。

7.学生对英语写作知识的运用不够灵活

英语知识运用的灵活性是判断学生英语学习水平的重要标准。在当下的大学英语写作教学中，教师发现很多学生的英语学习更多偏向于死记硬背，而并不注重对语句和文章进行理解，从而使得学生在运用英语知识时无从下手，不知道单词表达什么样的含义，在文章写作的过程中不会运用。在大学英语写作教学过程中，教师应当鼓励学生从理解的角度出发，对语句的运用范围和场景进行了解。但是，一些学生对此并不是很重视，常常出现写作内容表达并不准确的问题。由此可见，在当下的大学英语写作教学中，学生对于英语知识的运用并不是很灵活。

（三）学生的阅读量较少，写作思路受限

阅读量的积累是提升学生英语写作能力的重要因素之一。在当下的大学英语写作教学中，一些学生并不注重进行英语阅读，并且由于自身英语水平较低，在阅读的过程中会发现很多不理解的知识，从而使得学生逐渐对英语知识的学习失去了兴趣，并且对于英语阅读的积极性也不是很高。

然而，随着学校对英语写作课程的重视，很多学生会发现，自己的阅读量和积累量是比较少的，在进行写作时虽然有一定的想法，但是并不能运用英语将其进行准确的表达。学生对于英语词汇的性质并不是很了解，不知道在什么情况下运用名词、什么情况下运用动词、什么情况下运用形容词等，从而使得在写作过程中出现了很多单词运用错误的问题。这正是由于学生的阅读量较少和词汇知识不足导致写作思路受限。

三、教师方面

（一）写作缺乏思维训练

在大学课程中，专业课的占比远远大于英语课程的占比，通常分配到每个星期也就4～6个课时，但是每学期的教学任务很重，不单单要培养学生听、说、读、写、译的能力，还要向他们传授如何进行跨文化交流，让他们在以后的工作中能够与国际接轨。针对这种情况，教师通常无法做到面面俱到，这一点在大学英语写作教学中表现得尤为明显。大学英语教师很少在课堂上讲授与写作有关的知识和技巧，与英语写作有关的训练往往当成课后布置的作业，教师收上去之后所关注的也仅仅是单词、语法以及句子的表达是否合规，这样虽然解决了语言层面的问题，但是并没有解决思维层面的问题。

此外，对学生思辨能力的培养较为缺乏。虽然近些年高校英语教材不断地改进，但是课本中仍然缺乏与思辨能力培养有关的专题。要想在大学英语写作教学中将思辨能力培养落到实处，教师就必须针对与思辨相关的课题进行深入研究，设置能够培养学生思辨能力的写作题材或相关专题。要让学生做到独立思考，而不是一味地求助于万能写作模板，要拥有自己独特的见解。在知识累积方面也要鼓励学生在日常生活中积累相关的素材，尽量在平时就有所准备，而不是到最后临阵磨枪，要从根源上改善英语写作教学。

（二）写作主题缺乏创新

作为能够培养学生思辨能力的有效途径，大学英语写作能够帮助学生在不同的情境下快速捕捉自己所需要的信息，并从不同的角度看待同一个问题，在严谨分析的基础上做出理智的选择。思辨能力之所以受到人们的重视，不仅仅因为它是一种思考方式，还因为它具有即时性和多元性的特点，这也告诉我们思辨写作的主题不应该是单一、老套的，而是应当与时俱进，并且尽可能地多样化。

目前，与大学英语课堂写作相关的主题主要源于各种考试，如四六级考试、考研英语等。与这些考试相关的主题往往比较老套，多是一些个人品质类的写作，与实际生活联系得并不密切。像这种与现实脱节的陈旧主题并不能激发学生的思考欲望，在提升学生思辨能力方面价值不高，所以能够提供的参考意义也不大。在布置写作主题时，不妨多关注一下当前社会的新闻热点，鼓励学生大胆创新。

（三）不够重视写作教学

写作教学虽然是高校英语教学中的重要部分，但是我国一些高校英语教师都存在对写作教学重视度不够的问题，实践中往往将语法教学、单词教学等作为主要内容，忽视了写作教学。例如，教师在对学生开展英语写作教学的过程中，往往只是为学生讲解写作主题或者话题，然后让学生自由开展写作。在整个英语写作教学的过程中，忽视了写作技巧、写作方法等有关的教学，导致写出来的文章不够精彩。深入剖析发现，英语教师对写作教学重视度不够的原因在于，他们认为写作是需要学生自己构思的，教师的引导"无处可放"，即教师难以寻找到良好的方法对学生进行引导。实践证明，通过"以读促写"、技巧讲解等途径可以帮助学生提升写作能力，能有效解决英语写作教学中遇到的问题。

（四）忽视对写作方法的讲解

当下，一些教师在进行英语写作教学时往往让学生进行自主练习，让学生去背诵和记忆一些英语句子来进行写作，这样写出来的英语文章是没有灵魂的，并且存在很多语病。教师讲解英语写作方法不仅可以让学生知道所记忆的语句应该怎样运用，还可以让学生加强对英语语句的理解，知道这些句子表达的是什么意思，并能将其句子的含义和自己的写作想法进行融合，从而减少英语写作中的语病。然而，在当下的大学英语写作教学中，部分教师并没有深入研究写作方法，也没有引导学生进行写作技巧训练，从而使学生在写作过程中常常不知道应该从何处下手。

（五）写作教学引导不到位

教师在大学英语写作教学中肩负着为学生提供教学引导的重大职责，其教学能力直接影响着学生思辨能力的培养。部分高校教师的教学思维模式相对固化，一般按照提供范文、学生写作、批改文章、修改文章的流程开展教学，要求学生根据范文句式和结构组织英语语言，只要学生所用词汇准确，文章就不会有太大问题。但是，教师忽视了大学英语写作教学的目标是培养学生的思辨能力，必须让学生积极思考，而且教师要对学生进行正确引导。否则思辨能力的培养便流于形式，学生的个性化发展也会受到阻碍。

（六）写作教学目标陈旧

素质教育背景下，大学英语写作教学目标没有及时更新，未能体现出对学生思辨能力培养的重视程度，教师设计的大学英语写作教学方案侧重于英语写作技巧的传授，规范文章内容和结构，纠正学生词汇和语法方面的不良应用习惯，却很少在英语写作课上组织讨论、辩论、反思等活动，难以激发学生的质疑精神，没有引导学生探究社会热点话题背后蕴含的思想政治元素和人生哲理。大学生思辨能力和写作能力的发展不均衡，与现代化复合型人才培养目标有一定的距离。

（七）写作教学方法陈旧

运用良好的教学方法对于提升学生的英语写作能力是非常重要的，因此在开展英语写作教学的过程中，英语教师要注重对教学方法进行创新，并与学生的英语写作情况进行有效的融合。然而，在当下的大学英语写作教学中，教师并没有对其教学方式进行创新，仍然采用传统的教学方式，通过提供给学生特定的英语题目让学生进行写作，写作完成后教师给予学生一些评价和建议。由于这个过程所涉及的内容比较多，教师在评阅学生的写作内容时并不是很细致，仅对文章结构、字体的整洁度和语句的运用进行点评，从而使得学生写作能力提升的速度较慢，也没有给予学生一些有价值的意见来引导学生进行英语写作，从而使得英语写作课堂教学效果较差。由此可以发现，在当下的大学英语写作教学中，教师的教学方法还是过于陈旧的，无法给予学生正确的引导。

（八）写作教学模式滞后

如今，在大学英语写作课堂上，很多教师都是用传统的教学模式。教师在课上结合不同的作文体裁，讲解结构、语法、句型等知识，并提供范文让学生模仿写作，在课后布置相关的英语写作作业，这导致学生的课堂参与度不高。由于国内大部分高校的英语写作课堂学生人数较多，导致进行小组互动的难度较大，学生的语言输出量不够，学习积极性不高。与学生的"说"相比，传统的课堂教学模式更倾向于教师的"教"。

（九）写作教学评价体系不够完善

教学评价是教师了解学生写作能力和思辨能力水平的主要工具。当前，大学英语写作教学评价体系不完善，教师运用统一的方式对学生进行指导，忽视了学生能力水平的不同，致使学生的写作能力和创新能力发展不均衡，不能够主动进行英语文章的创作，不了解自己词汇、句式和语法应用方面的不足。

（十）教师自身的教学习惯有待改善

有些教师不具备与时俱进的精神，忽视了对英语写作教学方法的积极更新和学习。有些教师照搬书本理论，而不去结合教学的实际情况，去思考如何提高英语写作课程的质量、如何能得到学生对英语写作课程的积极反馈，只是按部就班地完成英语写作教材的理论讲解。这种情况下的教学效率得不到保证，学生的英语写作积极性不会得到提高，对英语写作的热情也会逐渐消退。

第二节 大学英语写作教学的理论阐述

一、大学英语写作教学的内容

（一）结构

1. 谋篇布局

在正式写作之前最重要的工作就是进行谋篇布局，因此这一环节是非常重要的。结构是写作的基础，只有了解了同类体裁和题材文章的谋篇布局，才能根据写作目的选择适当的扩展模式。不同题材、体裁的文章，往往有着不同的布局方式。例如，在议论性文章中，主题句主要用于陈述读者认为正确的观点，扩展句主要以说明的顺序扩展细节、阐述原因，而结论句则重点用来总结或重述论点。而在说明性文章中，主题句主要用来介绍主题，扩展句主要以时间、重要性等顺序扩展细节、说明主题，而结论句则用来重述主题、描述细节。总之，在大学英语写作教学中，教师要注意向学生讲解作文的谋篇布局，让他们在写作中能做到心中有数。

2. 完整统一

在确保文章谋篇布局合理的基础上，需要考虑文章的完整统一。一篇文章的完整统一非常重要，只有完整统一的结构才有可能成为一篇优秀的文章。具体来说，指文章中所有的细节都要围绕主题开展，都要服务于主题，无论是事实、例子还是原因等，这些细节都要与主题相关。

3. 和谐连贯

段落中句子的顺序和思路的安排都具有逻辑性，句子与句子之间要有机地联系在一起，内容需要一环紧扣一环，流畅地展开，使段落成为一个和谐连贯的整体。运用正确且连贯的词或词组，可以把句子与句子有机地联系起来，使行文更加流畅，并能引导读者跟着作者的思路去思考问题。对于过渡语的使用一般可以进行"短文填空"的专项训练。需要指出的是，虽然过渡词语不可不用，但也不可滥用，需要在确保结构流畅、简洁的前提下灵活使用。

（二）选词

在不同的文化背景下，词汇有着不同的意义。如果缺乏对词汇含义的准确了解，学生就很难在写作过程中依据表达需要来选择适当的词汇。在进行词汇选择时一般要考虑语域的影响，如非正式词与正式词、概括词与具体词等。选择词汇时还应注意感情色彩的因素，如褒义词与贬义词的选择。这些都是大学英语写作教学的重要内容。

（三）句式

英语句法结构丰富而多变，对句式的掌握与运用是进行英语写作的利器，这就使句式成了英语写作教学的重要内容。为了提升学生英语写作的可读性，教师可以通过句式练习来帮助学生掌握句式。

（四）拼写与符号

如果缺少规范的拼写与符号，句子的含义就难以表达，文章的内在逻辑关系也难以体现出来，这就在无形之中提高了读者的阅读难度，也不利于读者对文章形成良好的印象。由此可见，拼写与符号是大学英语写作教学中不可或缺的重要内容。

二、大学英语写作教学的理论基础

（一）需求分析理论

需求分析理论由美国著名心理学家亚伯拉罕·马斯洛（Abraham H. Maslow）提出，他认为人的需求可以分为生理需求、安全需求、归属与爱的需求、尊重需求、自我实现的需求。这几个需求呈金字塔形排列，其中生理需求处在最底层，自我实现的需求处在最顶层。

处于大学阶段的学生主要会产生后三种需求，例如，学生希望进行情绪疏导、加强师生沟通，体现了归属与爱的需求；学生希望优化写作教学方式以适应自身的学习习惯，体现了尊重的需求；学习能力较强的学生依然希望加强写作技巧训练、开设专项写作课，体现了自我实现的需求。在当前的大学英语写作学习中，需求分析理论的运用能使教师更好地了解学生的学习需求动机，从而设计出满足学生需求，并符合教学大纲的教学目标和教学内容。

（二）最近发展区理论

最近发展区理论，最早由苏联著名心理学家维果茨基就教学与发展的关系提出。他认为在教学中，必须对学生的两种水平加以确定，分别为现有发展水平和可达到水平。

现有发展水平是指学生已经达到的发展水平，可达到水平则是指学生可能达到的一种潜在的发展水平。这二者之间的差距就是"最近发展区"。在实际教学中，如果教师将要讲授的知识与学生原有的知识结构有所不同，那么教师就需要通过对教学进行合理的组织与安排，把教学建立在当学生进行一定的努力后就能达到某种潜在的智力和知识水平上，知识的广度、教学的深度和进度均要以此为设置的依据。简言之，就是不断地把学生的最近发展区转化为学生现有的发展水平，并在之后的教学中创造更高水平的最近发展区。因为当教学恰好落在学生的最近发展区时，教学才是最有效的，也是最能促进学生发展的。在维果斯基之后，这一理论被众多学者分别从不同角度进行了补充和发展，这也显示出了最近发展区理论的强大生命力。

理论源于实践，实践也需要理论的指导。在大学英语写作教学的应用方面，最近发展区理论也有着丰硕的成果。以最近发展区理论为依据发展出的支架式教学、合作式教学都已被证明有着良好的教学效果。

实践证明，在最近发展区学习和施教，能够实现学生学习效益的最大化。而通过开展需求分析，教师则可以清楚学生在完成一个学习阶段的任务后，对后续的英语学习有着怎样的目标和需求，对所学知识的运用能力如何，以及学生对于后续英语课程设置有着怎样的看法，希望在哪些方面能有所提高。这与最近发展区中确定学生的现有发展水平和可达到水平，并最终确定他们的最近发展区极为相似。研究者认为，在实际教学中，通过开展需求分析对最终确定学生的最近发展区有着极大的帮助。而这样制定出的教学目标、课程体系和教学模式，也可以使后续的教学准确地落在学生的最近发展区。

三、大学英语写作教学的基本方法

（一）词块教学法

1.词块教学法的基本内涵

词块教学法经过不断摸索和实践，已成为相对完善的教学方法和教学策略。"词块"一词缘起于美国，词块是将英语单词、词组、固定搭配、固定句式糅杂在一起，英语学生通过系统的学习和整体的掌握将这些词块记忆在大脑中。英语词块分为四种类型，分别是：第一，多个单词的组合。多个单词的组合需要学生在平时的英语学习中对单词进行大量积累。第二，高频搭配组合。高频搭配组合是英语日常交流和沟通中使用最为频繁的词块，这是学生学习英语需要掌握的基本内容，了解了这些高频搭配组合可以让学生具备一定的英语表达基础。第三，固定的表达句式。学生只要掌握了这些固定的表达句式，就可以进行英语的日常交流以及简单的英语文章写作。第四，半固定表达。英语中的半固定表达，一般固定的是前半部分的内容，学生根据语义补充后半部分。词块的每种类型都有其优势和劣势，这就要求教师在英语课堂教学实践中，将四类词块的教学方式合理搭配起来，从而提升英语写作教学的质量和效果。

2. 词块教学法在大学英语写作教学中的应用

（1）以社会生态学、系统论为原则推进词块教学法在英语写作教学中的应用

词块教学法不是没有原则和中心导向的教学实践策略，而是要根据课堂内容进行合理的匹配，以此达到课堂教学最优化的效果。目前，社会生态学、系统论在教学中被广泛应用，因而应用词块教学法时可以借鉴社会生态论、系统论，推动大学生英语写作能力的提升。在具体的大学英语写作教学实践中，教师需要做到以下两点。

①词块教学法的本质就是将英语学习内容与知识链接成一个整体，让学生通过整体的把握来提升英语能力和水平。社会生态学理论主张将学习内容和知识点进行有效的衔接，从而让学生在一定的语境和环境下进行学习。社会生态学理论的最大优势就是在宏观的理论架构和介入视角下，将学生置于英语课堂教学的整个系统之中。通过层层的教学实践，让学生与教师、课堂进行良性互动和有效沟通，这样的三维教学实践能够让学生反思整个学习过程。在动态化的英语学习中，它可以为学生提供一个英语学习框架，帮助学生将英语学习模块进一步细化，使学生借助学习框架可以将相关的单词、词组、固定搭配串联起来，从而进行英语作文的遣词造句，这样才会真正地提升大学生的英语写作能力和水平。

②系统论主张在一定的图式和背景下，教育的主导者能够从微观系统、中观系统以及宏观系统的角度出发，以小见大、以点带面地借助层层相套的嵌入式同心圆来实现学生英语写作水平的提升和促进。这就要求教师在英语写作教学中充分调动学生的积极性，同时及时纾解学生在英语学习和写作上的困难，帮助学生

构建写作的长效化路径与策略。教师要打造"教"与"学"的良好的英语教学环境，培养学生的写作综合素养。学生英语水平的真正体现就在于写作能力的全面展示，因为写作承载着太多英语学习的知识内容。因而词块教学法应用于英语写作的教学实践中，能够促进学生英语写作水平的提升。

（2）分阶段推进的词块教学法在大学英语写作教学中的应用实践

词块教学法在大学英语写作教学中的应用，不是一蹴而就的，而是需要循序渐进、稳扎稳打，分阶段推进，从而让学生真正掌握词块的内容与知识点。分阶段推进词块教学法在大学英语写作教学中的应用，有利于学生巩固已经掌握的知识。

①加强对目标词块的辨认。教师按照英语课本内容，将词组或者固定搭配摘录出来，让学生进行深度学习和有效掌握，然后进行有效的辨析。当前，大学英语写作教学对学生词汇量的要求很高，需要学生准确地应用高级词汇和固定搭配，因而加强学生对目标词块的辨认是非常有必要的。学生在词块学习中主动观察、辨别词块，将输入式、被动式学习转化为吸收性、能动性的学习动机和行为。这样学生在写作时就可以准确地将高级词汇、词组、固定搭配等运用到作文中，从而显著提升作文的质量。

②加强对目标词块的自主探索。教师合理引导学生加强对目标词块的自主探索是非常有必要的，这就要求教师在讲解词汇时对学生进行有针对性的训练和指导，如动词后面或者前面可以搭配哪些词汇等。同时学生可以将英语词汇按照性质与结构的分类进行对比、延伸，以此来强化对目标词块的深度掌握与学习。这样在英语写作中，学生可以根据写作的主题进行词汇方面的回忆，然后将高级词汇、词组运用到写作之中，更加突出作文的亮点。

③巩固目标词块内容。在前两个阶段的基础上，学生已经基本掌握了目标词块的内容，因而需要巩固前期学习到的词块内容，确保学生真正记住了词块内容，以便学生在英语写作中能够全面、有效地应用。对于目标词块的巩固提升、强化练习，可以使学生准确、流利地使用这些词块。教师在大学英语写作教学中，可以让学生根据学习到的词块进行英语阅读片段的复述，进行相关主题或者问题的自由讨论，以此来强化学生对目标词块的掌握。这样学生在英语写作时就有了词块方面的积累，可有效解决不知写什么，无从下笔的问题。

（3）按照学生的学习习惯，实现学以致用，提升学生的英语写作能力和水平

汉语是我们的母语，所以学生在英语学习中会受到母语学习习惯和思维模式

的影响，学生长期化的学习习惯和图式很难得到扭转，这就要求教师能够结合学生的学习习惯，增强学生学以致用的能力。当前，很多大学生已经掌握了英语单词、词组、固定搭配、句法、时态等，但是却不知道怎么将学习到的内容应用于实践。因而教师在进行词块教学时，应该做到以下两个方面。

①词块教学中坚持学以致用。词块教学并不是为了让学生掌握单词、词组、固定搭配等，然后去应付考试，而是让学生通过词块的学习，达到学以致用的目的，从而规避学生在英语学习中出现"畸形"现象。运用词块教学法可助力学生自发地去发现规律，这样学生可以将学习到的词块内容充分应用到文章的写作之中。

②根据学生的学习习惯，推进词块教学法应用于大学英语写作教学的实践。英语作为一门外来语言，学生在学习的过程中，普遍采用背诵记忆的学习方法。学生先将词块背熟，然后去探析怎样进行实践应用。对于词块的学习，学生进行背诵记忆是相当有必要的。教师可以将课本中的单词、词组、固定搭配等列出来，形成一个词块文档，然后让学生根据词块文档进行背诵和记忆，进而将背诵和记忆的内容转化为英语写作作品。这就要求教师在英语写作教学中，可以先进行优秀范文的展示，然后让学生将学习到的词块加以模仿、套用。通过英语语句的重新加工、填充和组装，使英语作文更加流畅和生动，这样就可以有效地提升学生的英语写作能力。

（二）思维导图法

1.思维导图在大学英语写作教学中的作用

思维导图是20世纪60年代英国头脑基金会主席东尼·博赞（Tony Buzan）创造的一种辅助大脑思维的工具和高效的记笔记方法。主要是教师通过运用人脑的所有智能，通过词汇、图像、数字、逻辑、韵律、色彩以及各空间感知等，将学生的思维进行具象化。思维导图在大学英语写作教学中的运用可以帮助学生进一步明确写作思路，增强大学英语写作课程的趣味性。

（1）思维导图的可视性有助于大学生明确写作思路

思维导图在大学英语写作教学中的运用有助于学生以直观的方式呈现自己想要表达的内容，明确其实际的写作思路，避免行文过程中对某些观点的遗漏。首先，思维导图在大学英语写作教学中的运用有助于学生罗列相关题目要求以及自身想法，从而有效提取英语知识储备，避免在英语写作教学中出现偏题的情况。其次，思维导图在大学英语写作教学中的运用有助于学生展示完整、清晰的写作思路以及行文结构，进一步明确自己在英语写作过程中存在的问题以及不足，从而对自身存在的问题进行不断改进，进一步提升英语写作水平。最后，思维导图在大学英语写作教学中的运用有助于开阔学生的眼界。英语写作教师可以通过对比不同的写作思路，帮助学生进一步明确不同题目下的体裁以及相关英语作文结构，提升学生对不同文体以及句式的驾驭能力，促进大学生英语写作能力的提升。

（2）思维导图的发散性有助于大学生拓展写作思路

思维导图作为放射性思维的表达方式，在呈现形式上具有一定的发散性。其在英语写作教学中的运用可以将模糊的、无序的想法与观点转变成清晰的图形，对学生拓展写作思路具有关键作用。

首先，思维导图在大学英语写作教学中的运用有助于学生以图式的形式将写作知识与作文题目要求相关联，并且在确定中心议题的基础上将自身现有词汇、语法知识、句式结构等与作文中心思想建立起联系，从而进一步提升作文的丰富性。

其次，思维导图在大学英语写作教学中的运用在一定程度上提升了学生的创造力与想象力，帮助学生以二维的形式呈现自身思路，同时有助于学生重组现有的知识结构以及激发创新观点，对提升高校学生英语写作内容的创新性具有重要意义。

最后，思维导图在大学英语写作教学中的运用有助于学生更好地把握中心思想、分论点等，避免学生在行文过程中反复使用单词以及不断重复句式，进一步提升高校学生所写英语作文的可读性。

（3）思维导图的多维性有助于激发大学生对英语写作教学的兴趣

思维导图在大学英语写作教学中的运用在一定程度上丰富了我国大学英语写作课程的呈现形式，对大学生英语写作兴趣的激发具有一定助益。

首先，思维导图在大学英语写作教学中的运用增强了课程教学内容的概括性。教师可以通过思维导图的形式帮助学生梳理所学知识点，有助于深化学生对相关知识点的记忆，促进高校学生更好地巩固英语写作基础知识。

其次，思维导图在大学英语写作教学中的运用有助于教师丰富英语写作课程的教学方式。高校英语写作教师可以通过色彩、线条、符号、图像等形式将单一的英语写作知识加以呈现，对提升高校英语写作教学质量具有重要意义。

最后，思维导图在大学英语写作教学中的运用有助于提升学生对英语写作课程的积极性与主动性，不断提升英语写作课堂的教学质量和效率。

2. 思维导图法在大学英语写作教学中的应用

（1）巧用思维导图，帮助学生梳理写作思路

词汇积累、语法运用是英语写作的前提，而审题、构思也是英语写作必不可少的环节，只有厘清写作思路、明确中心思想和观点，才能写出逻辑清晰、重点突出的英语作文。因此，在大学英语写作教学中，教师要巧用思维导图工具，教会学生审题、构思，帮助学生梳理写作思路，让学生明白要写什么、怎样写，培养学生的英语写作思维。例如，教师在布置写作任务之前，先引导学生分析写作课题内容，然后让学生结合对课题的理解，发表对写作方向和观点的看法。待学生发表完之后，教师用标注关键词的方式绘制思维导图，总结归纳这类课题的写作方向和思路，为学生提供参考。同时，让学生自主绘制写作导图，用树形导图的方式，将写作观点、写作素材、写作逻辑呈现出来，然后紧扣写作导图思路，一步一步完善英语写作内容。通过这样的方式，不仅可以让写作内容紧扣写作主题，锻炼学生的英语写作思维能力，还能培养学生的导图绘制能力，为后期学习奠定基础。此外，以思维导图的方式帮助学生分析写作题目，让学生多角度思考写作观点，厘清学生的写作思路，可以有效解决"无从下笔"的问题，有助于提高英语写作效率和质量。例如，待分析完写作题目后，学生只需按照写作导图，一步一步完善写作内容，就能写出一篇逻辑思路清晰、观点明确的英语作文。换言之，将思维导图运用于英语写作审题，既可以梳理写作观点和思路，又能指导学生的写作方向，可以有效避免偏题或思路混乱现象发生，有利于提升大学英语写作质量。

（2）妙用思维导图，帮助学生构建段落提纲

基于初高中英语知识的积累，大学生已经掌握了大量的英语词汇，并且能够正确运用英语语法，但是在英语写作方面，仍然存在段落结构不分明、文章布局不合理、写作内容不连贯等问题，所以写出来的英语作文质量不佳。因此，在大学英语写作教学中，要妙用思维导图工具，帮助学生构建段落提纲，使得各段落之间紧密联系、环环相扣，提高英语作文的逻辑性，培养学生的发散性思维。例如，在完成英语写作审题之后，教师要告诉学生先不着急进行写作，而是让学生结合写作思路，科学划分作文的段落，并设计出段落导图，分别写出每段的写作重点、中心思想，标注出段落之间的逻辑关系。基于段落导图，学生可以有针对性地收集写作素材，思考每段内容的表达方式，这样既可以打开学生的思路，充实英语写作内容，优化英语语言表达输出，又可以加强句与句、段落与段落之间

的逻辑关系，优化英语写作表达效果。由此看来，利用段落导图，将英语写作分割成多个小部分，有助于降低英语写作难度，缓解学生的写作压力，还能培养学生"整体—局部—整体"的思维，提升英语写作质量。同时，要以英语作文类型为核心，构建写作要素导图，确保英语作文结构的完整性，保障英语写作质量。例如，在设计书信作文要素导图时，需要罗列出日期、称呼、正文、结束语、属名五个分支，然后以每个分支为单位，分别延伸出写法、常见的错误等。通过观看这个思维导图，学生能够清晰明了地掌握各类英语作文的写作要素，有助于规范学生的写作格式。这样有趣的英语写作课堂，能够激发学生的写作积极性，有助于培养学生的英语写作兴趣，还能帮助学生养成良好的英语写作习惯，逐步提升学生的英语写作能力。

（3）活用思维导图，帮助学生积累写作素材

积累写作素材是提升英语写作质量的核心，虽然运用简单的单词语法，能够精准表达写作内容，但是却达不到理想的写作效果。因此，在大学英语写作教学中，要活用思维导图工具，积累英语写作素材，总结归纳英语写作技巧，夯实学生的英语写作基础能力。例如，针对英语写作知识要点，可以设计写作案例导图，利用思维导图结构，概括性地罗列出写作技巧，并且针对每个写作技巧点，总结一些作文案例。在课堂开始之前，教师先将作文案例隐藏起来，只展示写作技巧点，然后要求学生"运用这种写作手法，写一句英语句子"，这样便可以激发学生的好奇心，锻炼学生的写作技能。同时，教师每讲解一个写作知识点，便让学生进行写作造句，然后展示一些作文案例，加深学生对英语写作技巧的理解，锻炼学生的创作能力。

（三）读后续写法

1. 读后续写法的重要性

读后续写法强调将读和写融为一体，在训练这两种学习能力的过程中，提高学生的综合能力。

2. 读后续写法的理论基础

在语言学习中，知识的输入和输出密不可分，相辅相成。文秋芳教授基于"输出驱动假设"，提出了"产出导向法"。该方法不仅重视产出过程，而且注重产出结果。在产出导向法中有一种很重要的理念——"学用一体说"，其强调学习和运用的融合及其相互促进作用。这种理念认为，在英语教学中，应将学生的输

入和输出即知识的学习和运用融为一体，无边界可言。输出驱动假设理论认为，语言知识的应用既是学习的目的，也是学习的动力。教学要从产出出发，让学生完成任务，有助于学生认识到自己语言能力的不足，增强学习的紧迫感。实验研究显示，有输入情况下的产出比无输入情况下的产出更可观。

读后续写时，教师给学生提供恰当的输入，使学生在了解领会的基础上获取输入，在分析文本的结构、内容等方面的知识后，进行写作即产出，将学习过程中的输入和输出紧密结合，无明显时差，使学习和运用融为一体。读后续写文本中的相关知识对于学生的写作有很大帮助，使知识产出效果更好，从而实现输入和产出的相互促进。

3. 读后续写法在大学英语写作教学中的应用

（1）重视教学设计

教师在使用读后续写法教学时应重视教学设计的合理性。每节课的时间是固定的，教师要在课前做好时间安排。读后续写法包括阅读、写前准备、写中指导、写后评价等教学步骤，教师应依据学生的水平来合理安排，把握课堂节奏，对重难点着重讲解。每个教学步骤都十分重要，合理安排对于教师来说是个巨大的挑战，只有合理地进行教学设计，才能最大限度地发挥读后续写法的促学效果。

（2）更新教学理念

随着信息技术的发展，英语教学技术和方法也在不断革新，英语教师首先应更新理念，以更好地为教育教学服务。在应用读后续写法教学时，教师可以尝试以新的手段来提高教学效果，如在学生阅读前应用学习软件发布本次续写文本的背景视频，让学生更好地理解话题。

（3）合理选择续写材料

应用读后续写法，"读得好"是关键。学生续写效果如何很大程度上取决于能否读懂材料及理解程度。因此，合理地选择读后续写材料十分重要。

教师在选择读后续写材料时应遵循以下原则：首先，阅读材料应与学生的日常生活紧密相关。只有这样，学生才不会觉得陌生，更容易引起情感上的共鸣，更容易理解文章的内涵，续写时也会有更多的想法。其次，阅读材料应符合学生的知识水平，在学生的理解范围内，陌生词汇所占比例适宜，让学生阅读起来轻松不费力。最后，所选材料应能够引起学生的兴趣，能够激起写作的欲望。阅读时学生觉得有趣，续写也没有压力。

（4）引导学生养成良好的阅读习惯

阅读不仅可以培养逻辑思维能力，还能积累丰富的写作素材。教师应在日常教学中引导学生阅读，以多种方式激起学生的阅读兴趣，如给学生推荐有意义的读物，引导学生分享阅读材料，组织交流读后感等活动，使学生掌握不同体裁文章的逻辑框架，养成良好的阅读的习惯，快速理解文章，让写作思路更清晰。

（5）尊重学生的主体地位

目前，在大学英语写作教学中，一些教师按照自己的课堂设计及教案讲解写作知识，导致学生处于被动接受的状态，提不起兴趣。因此，教师应改变教学观念，以学生为主体，关注学生所想，引导学生表达看法、提出疑问。读后续写的材料选择也可以参考学生的意见，从而激发学生的兴趣，促进其英语写作能力的提升。

（四）同伴互评法

1. 同伴互评的特性

从字面意思上理解，同伴互评是指学生与学生之间通过对事物的交换实现互相测评，然后结合测评指标，学生可以了解到自身在学习过程中存在的问题。同伴互评的整个过程以某一类学习任务为主体，依据现有的知识体系，对学习任务进行深度探讨，找出其中存在的不足并给予相关修改意见。对于大学英语写作教学来讲，同伴互评主要是指学生与学生之间对写作内容进行测评，其以学生自身的认知能力为基础，分析其他同学所写内容的优缺点。在整个测评过程中，学生与学生之间呈现出一定的交互性特点，学生可以一种共同协商、共同书写的形式，逐步对写作中存在的问题进行深度分析，此类交互学习可以进一步提高学生的写作质量。

从理论角度来看，同伴互评是基于合作学习模式提出的，其要求学生之间进行深度交流，然后以认知体系为基础，测定出当前学习内容中存在的问题并加以改正。通过学生与学生之间的有效交互，能够缩小学生之间的差距。此外，同伴互评可以有效强化课堂的趣味性，提高整体教学质量。

2. 同伴互评在大学英语写作教学中的应用

（1）组建同伴互评小组

在大学英语写作教学中开展同伴互评，需建立小组合作模式，且组内的各个成员之间必须保证学习能力、专业能力等具有一致性。小组与小组之间，则需要遵循组间同质的原则，保证组员在进行测评时可真正取得取长补短的效果。小组合作测评以学生与学生之间面对面的交流形式为主，将信息进行反馈，这样在互相交流的过程中,学生可更容易地将自身观点渗透到整个测评机制中,可以充分发挥学生的能动性。同时在具体反馈过程中,可以建立以书面形式和口语形式相结合的评价反馈机制,使学生在作品互评的过程中,真正实现思维层面的交互,同时放大自身写作内容中存在的问题,使学生明确其自身在写作过程中存在的问题,进而为英语写作能力的提升奠定基础。

（2）互评方法训练

同伴互评施行的前提是学生与学生之间应具备一定的信任感,保证学生在对作品进行解析时,可以从主观与客观两个角度分析出写作内容中存在的问题,而不是学生带入自己的情绪对整个写作内容进行情绪化解读。对此,同伴互评机制的应用,首先必须强化学生与学生之间的信任关系,使学生充分融入整个测评机制中。其次,教师必须担任教学指导的角色,指出学生在互评过程中存在的问题,在小组内起到协调作用,避免学生在互评过程中出现不信任的问题。最后,建立较为精细的测评基准,从写作内容、写作结构以及词汇语言应用等方面,对每一类写作内容进行细分处理,且通过应用实例解析出评价形式。

（五）"以读促写"法

1. "以读促写"法的理论基础

（1）输入假说

克拉申指出语言习得是一个不断从低水平向高水平进步的过程,而在这一过程中,可理解的语言输入是至关重要的环节,是语言习得的基础。学生要注重在语言输入的环节汲取语言知识,扩大自己的知识量,当学生的知识量达到一定程度时,便可以有所进步。

克拉申的输入假说为"以读促写"法中的"读"提供了合理的依据与基础,通过大量、广泛的阅读,学生可以丰富知识,写出更好的文章。

（2）输出假说

"输出假说"是以输入假说为基础的。语言输出是语言输入的最终目的,学习外语,理解性输出与理解性输入一样,占有重要的地位。如果过于注重输入而轻视输出,那么学生的学习效果不会理想。输出假说为"以读促写"法中的"写"提供了理论基础,作为一种输出形式,写作既可以检验学生在阅读中学到的知识,也可以使获得的知识得到巩固与强化。

综上所述,输入假说与输出假说相互渗透,输入是语言的来源,输出则是对输入的检查与强化。通过增加学生的输入量,帮助学生在头脑中积累一定的素材,提高输出的质量和效果。因此，教师在英语教学中应该注重使二者达到平衡，促进学生语言能力的全面发展。

2."以读促写"法在大学英语写作教学中的价值

（1）降低写作难度，提升写作信心

"以读促写"将"读"作为写作的基础，引导学生在阅读的过程中积累写作材料，通过循序渐进的方式提升写作技巧水平，降低学生对写作的恐惧感，在"读"与"写"的过渡中不断提升写作水平。大学生之所以对写作学习存在恐惧心理，主要原因在于知识积累不够，储备欠缺，因此教师应当拓宽学生的知识面。阅读是一种增加知识储备的有效途径，教师可以引导学生采用合理的方式开展阅读，将阅读浏览的好内容记录下来，并在写作的过程中尽量对这些内容进行运用。同时教师还可以让学生观察阅读材料中的写作技巧、写作方式等，并对这些写作技巧进行学习和运用。随着学生对阅读素材积累量的增加，学生对写作技巧的把握会更为充分，写作起来更为得心应手，更能感受写作的乐趣，从而提升对写作学习的信心。

（2）丰富写作内容，激发写作情感

要想写出高质量的文章，必须融情感于其中，使文章内容有声有色、情感浓厚。这就需要学生做好知识的积累，在英语写作的过程中"收放自如"。但在实践中，很多学生的写作往往内容枯燥、情感缺失、缺乏趣味。这需要教师对学生进行科学引导，使学生在掌握写作手法和技巧的同时，融情感于其中。通过"以读促写"，学生在阅读中做好观察和分析，积极思考，感受文章的"气息"，从而在英语写作的过程中对这些情感进行"牵引"，使写出来的文章更富有"韵味"。通过有效的阅读和积累，能够使写作内容更为丰富，打破传统教学模式下文章千篇一律的局面，使学生的整体写作水平得到提升。

（3）促进语感培养，提升沟通能力

英语是语言类学科，听、说、读、写是四项基本技能。在传统英语教学中，教师往往注重基础知识的讲述，学生缺乏自主阅读和交流，整个英语学习过程是"无声"的，导致学生不会灵活运用英语知识。通过运用"以读促写"法，教师能够引导学生开展大量阅读，使学生打破传统状态下的"无声"学习局面，将英语学习转变为"有声"的学习。学生在有效的阅读中，能够更好地培养语感，运用英语交流也更为自然，更能提升其沟通能力。随着学生不断提高英语沟通能力，其写作能力自然也能够得到提升，最终取得"双向"提升的成效。

3."以读促写"法在大学英语写作教学中的应用

"以读促写"法主要应用在大学英语写作教学的写前阅读、"以读促写"及写后评价这三个阶段。

(1)写前阅读阶段

①合理选择阅读材料，保证输入质量。阅读是输入的环节，写作是输出的环节，如果想全面提高学生的语言输出能力，进一步加强语言知识的输入至关重要。因此，应该引导学生阅读、学习一些课外优秀文章。对于课外阅读材料的选择，教师应该遵循以下原则：首先，文章的质量一定要过关，绝对不可以有语法、词汇等方面的错误，否则会对学生造成错误引导与示范；其次，文章应该反映大学生的真实生活，体裁多种多样，能够激起学生的学习兴趣与学习热情，使学生的注意力集中到所要学习的文本上；最后，文章难度要适中。研究表明，难度中等的阅读材料，学生的学习动机水平激起程度最高，因此阅读材料一定要与写作的具体实际情况相结合，由浅入深，逐步深化。

②合理选择阅读方法，提高阅读效率。研究表明，运用多种教学方法可以大大提高学生的课堂参与度，调动学生学习的积极性。"以读促写"法首先要注重阅读，教师在进行英语阅读教学时，可以采用多种方法来提升学生的阅读效果，突出阅读对于写作的指导、促进作用。例如，教师可以采用对话阅读教学的方式来调动学生的学习兴趣，吸引学生积极参与，通过"一对一"或"多对多"的对话教学，让学生在阅读训练中掌握有关阅读、写作方面的技巧。再如，教师可以利用思维导图进行阅读教学。思维导图具有较强的逻辑性，结构非常清晰，是一种层次感很强的阅读方法，有利于学生循序渐进地理解文章的结构。

③详解知识要点，夯实语言基础。在讲解知识要点的过程中，一定要做到系统化、条理化，把知识点说清、讲透。首先，教师要反复拆解文章，将重点放在对文章中的词汇、语法的讲解上，通过例句等方式帮助学生理解生词、语法等具体语境。教师设置相应的练习，帮助学生巩固所学的基础知识，只有学生的基础打好了，写作水平才能有进一步的提高。其次，教师讲解知识点需要讲求方法。例如，通过采用对比法，帮助学生更准确地掌握语言知识，而归纳法可以帮助学生实现知识的网络化、系统化。在英语写作教学过程中，教师要注意灵活运用多种教学方法。

④引导学生整理阅读材料，积累写作素材。将"以读促写"法应用到大学英语写作教学中，要注意引导学生分类整理阅读材料中的重要部分，以便用于以

后的写作任务中。首先，进行词汇的积累与整理。学习新的内容，不是只学会文章中出现的词汇，教师要引导学生搜集与整理相关词汇，这样，学生在以后写作中遇到有关主题后，就会回忆起自己整理的内容。其次，教师要引导学生对一些典型的句型、句式进行整理。典型的句型、句式在英语写作中可以起到吸引眼球的作用。最后，对一些写得比较精彩的段落，教师可以让学生进行抄录、背诵，并将其以笔记的形式保存下来，让学生与全班同学分享自己收集到的内容，这样既可以增加全班学生写作素材的积累量，也能够激发全体学生积累写作素材的积极性。

（2）"以读促写"阶段

"以读促写"阶段旨在帮助学生通过对文本的学习，将所学到的语言知识、篇章结构、论证方式等运用到实际的写作中，丰富、完善自己的写作内容。

①确定写作题目。首先，写作题目的难度要考虑学生的实际情况，包括他们目前的英语水平及先前已经获得的知识与经验，不可过难或过易。题目过难，对于学生来说不易把握；题目过易，不能达到学生的最近发展区，不利于学生写作能力的提高。其次，要考虑到学生的现实生活，不能脱离现实，否则无法激发学生的写作兴趣与热情。最后，写作题目要与阅读话题相近，这样才有助于学生将在英语阅读中学到的知识灵活运用于写作。

②分析写作任务，列出写作提纲。确定写作题目以后，教师带领学生进行头脑风暴，分析写作要求；然后将学生分成若干小组进行讨论，提示学生利用在阅读中得到的知识，列出大致的内容要点或可能用到的词汇等。众所周知，"闭门造车"的写作方式极大地限制了学生的写作思路，也降低了学生写作的积极性，学生在写作过程中很痛苦，使得写作变成了强加的负担。而小组讨论法不仅可以促进学生之间的交流，还能培养学生的团体合作意识。在小组讨论结束后，教师可以根据学生搜集到的信息，引导学生合理筛选信息，并对有效的信息进行分类。搜集完写作素材之后，教师指导学生根据阅读材料的结构为写作撰写基本的结构。

③独立写作，完成初稿。独立写作是指学生根据先前收集到的写作材料、列好的写作提纲，用自己掌握的写作方法、技巧，合理安排文章架构，填充所需内容，独立完成初稿写作。经过前面的阅读、讨论等环节，学生已经在脑海中形成了一定的写作思路，接下来，就要把这些想法付诸实践，在规定的时间内完成写作任务。

（3）写后评价阶段

好的文章都是经过多次修改与打磨完成的，要想提高英语写作水平，就要多次评改文章。这一阶段的主要侧重点是师生之间、生生之间对写作进行反馈与评价，可以将学生自评、同学互评及教师评价结合起来。

①学生自评。完成写作任务后，学生可以将所写的文章与先前阅读的文章进行对比，或者根据高考英语书面表达评分标准给自己打分，找出不足。在自评过程中，学生主要将注意力放在语言表达方面，注意是否存在单词拼写、字母大小写及标点符号等方面的错误，帮助学生养成自我检查的习惯，提高评价效率。

②同学互评。学生自评后，小组成员交换作文，指出他人文章的优缺点，进行第二次修改。评判自己和同伴的作文，是一种非常有效的学习方式，有助于培养学生的策略意识，使他们能够更好地管理自己的学习，促进终身学习能力的发展。为了保证评价的效果，教师可以给学生一些评价标准，如文章是否有逻辑性、前后衔接是否顺畅等。

③教师评价。教师评价主要是弥补学生自评与同学互评的不足。教师反馈应秉持促进学生发展的原则。首先，教师要肯定学生作文的可取之处，提出表扬，让学生建立信心，激发学生对英语写作的热情和兴趣。其次，教师评价的重点应该放在文章结构、主题思想方面，并适当给出修改意见。

第三节 应用语言学指导下的大学英语写作教学策略

一、基于批判性思维模式的大学英语写作教学策略

（一）批判性思维的概念界定

批判性思维的定义一直处在发展变化中。学者恩尼斯（Ennis）认为，批判性思维是个体专注于决定相信或做什么的思维，属于理性的反省性思维。批判性思维过程是积极、熟练的智力训练过程，包括概念化、应用、分析、综合及评估等相关信息，这些信息源于观察、经验、反思、推理及沟通。批判性思维既包括认知技能，又涵盖人格特质，在阅读过程中体现为能准确识别、阐释或分析论证各类信息，对信息的价值、准确性或权威做出评价，并结合经验和已有的知识做出客观、公正、合理的推断或推理。在这一系列的思维过程中，个体能够进行合理的反思、自我审查和纠正判断，从而促进思维的自我完善。

总之，批判性思维是一种对信息进行处理及对思维过程进行反思的思维。大学生英语写作教学中的批判性思维过程如下：在大学英语写作中主动获取、分析

信息，对作者的观点和文章的内容进行总结、提炼和评价，并进行读后自我评价与反思。

（二）批判性思维模式下大学英语写作教学策略

1. 充分认识批判性写作能力培养的重要性

批判性写作能力的培养是对学生创新能力与创新思维的培养，想要让学生写出立意新颖的文章，学生必须具有较好的批判性思维能力。良好的批判性思维能力并非先天造就，它是建立在良好的通识知识、专业知识、哲学以及逻辑知识基础之上的。批判性思维与创造性思维关系密切，如果一个人不具备良好的批判性思维能力，一般也不会拥有高水平的创造性思维能力。

培养学生的批判性思维有助于提高学生解决问题的能力与评价能力。只有具备了这些能力，学生在英语写作中才能发现问题并对问题进行剖析，找到积极的立场和观点，然后进行推理评价、陈述，指出观点的逻辑性、可靠性、关联性等。当学生具备了较好的批判性思维能力，写作时他们就不会封闭自己的思想，能够接受不同的观点，并能多角度地、全面地对问题进行剖析与论证。

2. 处理好批判性思维输入与输出的关系

目前，英语写作课程的侧重点仍然放在语言知识讲解、写作结构安排和写作技巧的处理上，教师在评阅学生的作文时一般重点评阅语言形式或篇章结构方面的问题，导致学生在写作中难以培养批判性思维能力。批判性思维能力的提升是一个渐进的过程，想要提高学生在英语写作中的批判性思维能力，就不能只是在写作上下功夫，必须处理好批判性思维输入与输出的关系。

学生英语写作的过程是语言输出的过程，培养学生的英语写作能力其实是在培养学生的语言输出能力。语言的输入与输出之间存在重要联系，输入是基础，只有打牢基础，才能进行有效的输出。思维能力的培养也是如此，想要学生在英语写作中拥有良好的批判性思维能力，就必须对学生进行批判性思维能力的培养，让学生在英语阅读中接触批判性思维、了解批判性思维、应用批判性思维。因此，教师可以在教授英语阅读时逐步锻炼学生的批判性思维，教会学生利用批判性思维进行思考、看待问题、评判他人的观点。正因为语言的输入与输出密不可分，读写一体化、输入与输出相结合可以被视为一种有效提升学生英语综合能力的途径。

3. 改革写作教学培养模式，融入批判性思维

在传统的教学模式中，学生处于被动地位，教学以单向传授为主。在教学改革不断推进的今天，"一言堂""满堂灌"的教学行为不断被人们质疑，英语写作教学必须跟上教学改革的步伐，采用新的教学理念，融入新的教学思想，进行新的教学尝试。将批判性思维融入大学英语写作课程的教学，引发学生进行批判性思考，对他人的观点进行分析，让学生学会思考、乐于思考，在思考中找到写作思路和解决问题的方法，形成自己的观念与思想，提高英语写作水平，是一种新的有价值的尝试。

二、基于交互式批改模式的大学英语写作教学策略

建构主义认为"教师与学生之间，学生与学生之间的协作交流对于知识的意义建构至关重要"。因此，教师和学生是平等的，整个学习过程中师生间的交互作用非常重要。

（一）实验法

实验法是对某一问题根据一定的理论或假设进行有计划的实践，从而得出一定科学结论的方法。可以基于二语习得中的互动论，在大学英语写作教学的批改环节，通过师生互动、生生互动，培养学生的思辨能力和创新思维，从而提高学生的英语写作能力。

（二）问卷调查法

通过一个学期的教学实践，研究者设计一系列教师交互式批改作文的相关问题，利用问卷星发送给学生回答，研究者对数据进行分析，得出结论。

（三）交互式作文批改的具体实施

第一步，可将学生分成若干小组，每组4～5人。由教师在课堂上出题，小组协作进行写作。第二步，各小组长组织小组成员通过头脑风暴法讨论写作内容，明确写作的主体思想。第三步，各小组成员根据各自的思路和素材写出初稿并自行修改。第四步，小组各成员将自己的作文交给组内其他成员修改，每名成员修改后写出评语，并将自己的批改意见在组内讨论。教师随机抽查部分学生的作文进行面批，并在全班进行点评和总结。

第九章 应用语言学与大学英语翻译教学

本章分为大学英语翻译教学现状分析、大学英语翻译教学的理论阐述、应用语言学指导下的大学英语翻译教学策略三部分。

第一节 大学英语翻译教学现状

一、学校方面

（一）教学缺乏整体规划

受应试教育的影响，大学英语教学的重点常常放在单词、语法、写作等传统内容上，对于英语翻译教学的重视程度相对不足，甚至一些学校还未设置专门的翻译课程，导致英语翻译教学质量难以得到保障。同时在传统教学理念下，部分教师常将英语翻译教学简单地归于教材内容的翻译讲解，不注重翻译技巧的渗透，学生的英语翻译能力很难得到真正的提高。也有一些高校只为英语专业学生安排一定课时的翻译课程，而公共英语课缺乏具体、明确的翻译教学任务，在很大程度上限制了英语翻译教学的进一步发展。此外，由于重视力度不够，导致高校对英语翻译教学缺乏整体的规划，通常情况下，部分高校的英语教学体系是将综合英语和视听说作为教学活动的主干，然后再根据专业特点开设一些具备拓展性的选修课程，而翻译课常常归为选修课的范畴，不仅课时无法保障，由于教学资源不足，学生数量也受到一定限制。

（二）翻译教学内容陈旧

首先，部分高校存在拘泥于传统教学模式的问题，教学创新相对不够，也忽略了学生在学习中的主体地位，导致其思维模式僵化，缺乏自主学习精神。同时受多方因素的影响，教师的教学工作缺乏"技术含量"，对于教学内容缺乏系统的认识，常常仅对课本内容进行简单的翻译与讲解，限制了教学效果与教学质量的提高。其次，教材的选用是教学指导思想的直接反映，但英语翻译教材所涉猎的内容常以经济、科技为主，学生翻译起来难度较大，影响其学习积极性。现代网络技术发展迅速，无论是学生还是教师，获取知识的途径均越来越便捷，但一些教师对互联网的利用不足，在教学中缺乏对翻译教学内容的拓展与创新，导致课堂长时间处于沉闷、缺乏活力的状态。最后，翻译课程教学的专业针对性不够强，内容相对宽泛，没有考虑到学生的专业特点，无法给其日后的工作带来实质性的帮助。同时在汉英翻译练习中，存在汉语句式覆盖面窄的问题，难以满足学生的学习需求，导致练习效果不佳。

（三）实践教学平台匮乏

英语翻译教学是趋于技巧性和实用性的英语教学环节，其根本目的是满足沟通的需要，促进人与人之间的交往。英语翻译能力的养成离不开实际应用与练习，因此，如何为学生提供英语翻译实际应用与练习的机会值得高校思考。现阶段的大学英语翻译教学，受到思想理念和外在条件的限制，实践教学平台匮乏，无法满足学生的实践需求。由于高校对翻译实践活动没有引起足够的重视，课程中缺乏实践课程的安排和设置，又较少组织翻译实践活动，导致学生的实际翻译能力得不到真正提高，翻译教学的效果不甚理想。

（四）翻译教材与课程设置不合理

英语教材是大学英语翻译教学的重要依据，对于英语翻译教学具有重要的指导作用，教材内容直接影响了高校学生的英语学习水平。例如，针对英语翻译人才的培养，不仅需要培养其英译汉的能力，还需要培养其英汉互译的能力，但是在英语教材中关于互译的内容设置较少。在课程安排上，部分高校针对英语翻译教学的课程安排较少，对于英语翻译教学重视不足。甚至有些高校将英语翻译教学作为课后作业布置，没有安排相应的课堂教学。

此外，高质量的翻译人才不仅需要具备英语翻译知识，掌握一定的英语翻译技巧，还需要具备一定的英语翻译能力与实践能力，但是英语课程中针对学生英语实践的内容较少，而且大学英语教师在实际英语教学中更为重视学生英语翻译知识与英语翻译能力的培养，忽视对学生实践能力的培养，导致学生无法进行有效的沟通和交流。这些问题都致使大学英语翻译教学的有效性降低。

二、学生方面

（一）学生英语基础薄弱

目前，受传统教学观念的影响，部分高校仍以教师作为英语课堂主体，且教师的教学方式相对落后。在这种教学模式下，学生的学习态度培养、学习效果提升等问题往往被忽视。此外，一些英语翻译教师过于注重教学成果，仅仅关注学生英译汉及汉译英的翻译能力，导致学生常常以应付任务的态度对待相关英语翻译内容，并不能激发其学习兴趣。

另外，一些高校英语课程上课人数较多，师生交流机会较少，从而导致教师不能完全掌握每位学生的学习情况，也使教师无法制订出具有针对性的教学计划，这在很大程度上影响了学生英语翻译能力的提升。大学英语翻译教学质量的提高，不仅要求教师拥有较好的教学能力，也需要学生具备较好的英语基础。例如，较大的词汇量、扎实的语法基础、良好的句型判断能力等。但是，在实际情况中，学生的英语水平参差不齐，有些学生英语基础较差，甚至不能较好地掌握句子结构，导致无法翻译出完整的句子。同时，一些教师不注重学生的基础状况，只根据自己的教学计划开展工作，使这些基础薄弱的学生完全跟不上学习进度，逐渐对英语翻译课程失去兴趣。要解决这些问题，不仅需要学生树立正确的学习态度，积极主动地学习语法、增加词汇量，进一步提高自身的英语基础水平，也需要教师不断增强责任意识，与学生增加互动，根据学生的实际水平，制定出合理的教学安排，以更好地开展英语翻译教学工作。

（二）学生自学能力不足

在大学英语翻译教学中，部分学生对于英语翻译的重视度不足，缺乏主动学习英语翻译知识的意识，自主学习能力也相对欠缺，严重影响了大学英语翻译教学的实际效果。在高校组织的各类英语测试中，部分学生对于翻译题目不够重视，甚至选择性忽视这类题目，参与度不够，学习态度不端正，不利于学生英语翻译水平的提升。另外，部分学生在对英语材料进行翻译的过程中，无法熟练地使用翻译技巧，无法正确地选择直译和意译方式，无法体现出大学英语翻译教学的实际效果。

（三）学生缺乏跨文化意识

部分学生在英语的学习过程中，对于英语知识并没有完全理解，大多数都是靠背诵来学习英语的，学习英语大多都是为了考试，而不是为了以后在工作中应用。受到整个教育体制和考试体制的制约，一些学生在英语翻译的过程中只注重学习书本知识，对于英语的交际策略、文化习俗等方面的知识知之甚少，缺乏跨文化意识。

（四）学生英语翻译能力较差

1. 翻译数量不足

翻译能力是在日常积累中形成的。在学习英语翻译理论和策略后，必须经历大量的翻译实践来了解其实际运用。在此过程中，译者的翻译能力、知识与经验，即译者的双语语言知识、双语文化知识和审美经验都需要在大量的翻译实践中一点点积累。对选择英语翻译课程的大学生来说，仅仅学习课程中所选取的范例，必定是远远不够的，他们必须自行寻找更多的文本进行英语翻译练习，用以扩充自身的知识。

2. 翻译质量不达标

量变产生质变，盲目地只重数量不顾质量地练习，是无用功。相关调查数据显示，大多数学生使用"读取和翻译转换法"，即逐字翻译的方式进行翻译，学生即使有意识地调整译文的语序或是结构，都无法改变语义不顺、"翻译腔"的问题。

（五）学生自身母语水平不高

学生母语水平的高低，对于学生英语翻译水平的高低有着直接的影响。然而，就目前来看，部分学生由于缺乏对母语的熟练应用，自身的语言基础较差，所以在进行英语翻译的过程中比较抗拒学习英语翻译，产生了抵触英语翻译的心理。针对这种情况，英语教师需要更好地培养学生的英语认知能力，让学生认识到翻译能力对学生综合成绩的影响，使学生可以主动参与到英语翻译训练当中，进而提高学生的翻译水平。

三、教师方面

（一）师资力量有待提升

讲授英语翻译课程，最好是翻译专业毕业，有过系统钻研和实践经历的教师。而大学英语教师往往"出身"于不同的专业方向，如语言学、教学法、英美文学、翻译等。因此，能直接胜任英语翻译教学的教师并不多，其他专业的教师需要花费额外的时间去补充自己的翻译理论知识。同时，不同专业背景的教师其教学理念和侧重点会有所不同。

（二）翻译教学模式缺乏创新

由于没有专门设置翻译课程，教师对翻译的讲授只能集中在大学英语课程中，而大学英语课程是讲授和练习英语听、说、读、写、译五种技能的综合课程，分配到翻译的部分，只是课文理解过程中的英译汉和书后习题中的少量汉译英练习，而那些练习的主旨又是考查学生对本单元重点词汇和短语的掌握情况，几乎不涉及翻译理论和技巧，更别提跨文化能力的培养。教师在讲解习题时也是遵照单词提示和参考答案，逐词逐句地翻译，学生很难有创新和发挥的空间。因此，这样的练习并不能真正培养学生的翻译能力，翻译能力的提升需要系统的理论学习和大量的实践练习。

一些学校开设了大学英语翻译必修课或者选修课，但采用的还是传统的教学模式和方法，即以教师和教材为中心，重理论、轻实践，往往是教师一言堂，忽视师生互动，忽视学生的自主性和创新性的发挥，课堂内容缺乏生动性，学生的学习热情不高，教学效果和学习效果都不尽人意。

（三）忽略学生的主体地位

英语翻译教学活动由教师、学生和教材（译文）三方组成，只有三方相互协调配合，才能实现更好的学习效果。相较于初中、高中知识的学习，大学学习是较高层次的学习，知识的传授和学习需要师生共同参与。在实际英语翻译教学中，英语教师要对学生予以引导，提出问题后，引导学生表达自己的观点，充分体现学生的主体地位，切实让学生成为课堂学习的主人翁。在探讨和学习知识点时，并不能仅限于教师发表自己的观点，需要学生和学生之间、教师和学生之间进行思想的碰撞，形成新的知识内容、观点，然后开展相应的研究活动。通过深入碰撞，教师全方位地了解学生，走进学生的内心世界，也能找到自身教学存在的不足之处，这对教师综合能力的提升有较好的促进作用。但是在实际的教学过程中，部分教师依然使用传统的教学方法，教学理念过于传统，对学生的主体地位没有给予一定的重视。在教学实践中，这部分教师主要通过讲解的形式传授知识，学生的学习过程较为被动。还有一部分教师仅限于将知识点讲完，对学生的实际掌握情况漠不关心，导致学生学习英语的兴趣和热情不高，甚至出现厌烦英语的情况。

（四）教师对其他国家的文化了解较少

目前，部分高校学生对于其他国家的语言文化了解比较少，这也就在一定程度上反映出高校英语教师在开展翻译教学的过程中，并没有向学生进行其他国家英语文化的讲解。学生在进行英语翻译的过程中，只是对英语句子进行逐字逐句的翻译，并不会对英语语言文化进行深入研究，这样一来，就会导致学生的英语学习知识面比较窄，不利于学生获取高质量的英语翻译技巧和翻译知识。部分英语教师在开展翻译教学的过程中，往往只讲解教材中的内容，并不会为学生拓展课外的英语翻译知识，长此以往，就会导致学生在翻译课外的英语文章时十分吃力。

（五）翻译教学方法存在问题

当前高校英语翻译教学仍然沿用传统的教育模式。英语教师在实际翻译教学中多采用逐字逐句翻译的方式。这种教学方法致使学生过分依赖教师的讲解，无法深刻理解英语翻译理论知识与翻译技巧。这种教学方法过于刻板枯燥，无法有效激发学生的学习兴趣，导致学生的学习积极性不高，因此英语翻译教学质量和效果很难得到保障，也不利于培养学生学习的主动性和创造力。大学英语翻译教学方法存在问题，究其根本，其直接反映了英语教师在英语翻译教学上的不足，缺乏相应的英语翻译理论知识体系和英语翻译教学经验，致使在实际教学中没有科学的理论知识和教学方法作支撑，一定程度上阻碍了英语翻译教学有效性的提升。大学英语教师的专业能力和教学能力直接影响学生的学习效果，综合考评教师的翻译教学能力对于教学质量的提升具有重要意义。

（六）将学生的英语水平当作翻译水平

调查研究显示，部分大学英语教师在开展翻译教学的过程中，将学生的英语水平与翻译水平混为一谈，认为学生的英语水平高，翻译能力就强，英语水平低，翻译能力就弱。事实上，英语教师在实际的教学过程中，需要认识到英语水平与翻译水平两者之间存在着很大的差异，英语水平高的学生，翻译水平不一定高。部分英语教师在课堂授课的过程中，往往会向学生讲述一些比较基础的英语语法知识，让学生记忆一些简单的英语词汇，并且引导学生在课下翻译一些比较简单的句子，这样一来就会影响学生英语学习积极性的提高，同时还不利于整体上提高学生的英语学习成绩。

（七）教师自身对于跨文化知识掌握欠缺

目前，一些大学英语教师缺乏有关英语文化和交际方面的知识，在教学中过多地进行语法知识的讲解，而无法对学生的跨文化应用能力进行培养，同时对于母语文化也没有充分地了解和认识，所以教师本身意识不到母语文化和英语文化的差别。教师只有提高自身的文化素质，才能更好地在英语教学中培养学生的跨文化意识，才能更好地解读母文化语和英语文化之间的差异，将自己的独到见解教给学生，让学生能更深刻地了解两国文化，从而增强学生的跨文化意识。

第二节　大学英语翻译教学的理论阐述

一、大学英语翻译教学的重要性

从社会需求的角度而言，经济全球化背景下世界各国之间的沟通交流日益密切，英语成了各国政治、经济、文化交流的重要载体。我国国际化发展进程不断推进，对高素质且专业能力较强的英语翻译人才的需求越来越强烈，要求其能够准确地传达政治、经济等方面的合作交流事项，建立高效的沟通机制，实现合作共赢。目前，高校大学生在毕业之后，需要具备一定的英语翻译能力，从而更好地完成工作，因此对大学英语翻译教学提出了更高的要求。高校应提高对英语翻译教学的重视程度，健全人才培养机制，培养出专业知识基础扎实、专业能力强的高素质人才，以满足新时期社会对于创新型人才的需求。

从大学生的个人发展角度而言，提升英语翻译水平是提升其综合能力的必然要求。由于我国在政治、经济以及文化等方面与世界各国的交流越发密切，因此对于英语翻译人才的需求进一步扩大，而英语翻译人才承担着传播历史文化的重要使命，需要英语翻译人才具备较强的专业能力。高校作为国家和社会培养人才的重要基地，提升英语翻译教学水平成为其新时期的关键任务。

听、说、读、写、译是大学英语教学的重要内容，也是掌握一门语言需要具备的基础技能。为了实现对各种英语材料的准确翻译，需要具备一定的英语知识和语言文化知识，同时需要掌握一定的英语翻译技巧。大学生在英语翻译教学中会接触到大量的语言文化知识，有利于扩充其知识储备，提升语言文化素养。在对英语材料进行翻译的过程中，学生的听、说、读、写四项基本语言技能也能得到提升，有利于提升大学生的英语综合应用能力。因此，大学英语教学应明确英语翻译教学对学生个人成长发展的重要意义。大学英语教师应积极转变教育理念，将生活化、适用性以及文化性等作为英语翻译人才的培养目标，提升大学生的英语翻译水平，提升其英语语言综合应用能力，为国家和社会培养专业能力强、综合素质高的英语翻译人才。高质量的英语翻译人才承担着经济、政治合作以及文化传播的重要使命，因此高校培养高质量的英语翻译人才是提升我国综合竞争力的关键举措。

二、大学英语翻译教学的理论基础

（一）动态评估理论

1. 动态评估理论定义

动态评估指的是通过和学生之间的互动，发现学生学习现状的评价方式。在动态评估中，需要对学生进行适当的干预，发现其中存在的问题，从而激发学生的学习积极性和主动性，提升学习的效果。将动态评估理论运用于大学英语翻译教学中，形成教师和学生在翻译过程中的互动模式。在翻译的过程中，教师对学生的翻译行为给予积极的干预，使学生发现自己的优势和劣势，激发学生的学习潜能。

2. 动态评估理论框架

动态评估理论主要是利用了翻译自动化系统，属于一种全新的翻译质量评价系统。在动态评估理论框架中融入丰富的标准化评估工具，以知识评估库为基础，针对特定文本的翻译质量选择最适合的翻译评估模型和参数。在动态评估理论框架中考虑了影响翻译质量的诸多因素，其中交际渠道、文本分析和评价方法是其最为核心的组成要素。

（1）交际渠道

在动态评估理论框架中，交际渠道是翻译质量评估的首要因素，根据交流对象的差异，交际渠道可以分为外部渠道和内部渠道。外部渠道主要指的是企业与企业、消费者与消费者、企业与消费者之间形成的翻译关系。内部渠道则仅仅局限于企业的内部交流，如跨国企业内部所使用的培训材料等。此外，某些特殊领域的译文，如医学等，则被定义为特殊渠道，其翻译质量的评估要遵循特殊领域的评估标准。不同的交际渠道用户对翻译文本的要求和期望会有所差异，对译者的能力和培养模式也会产生影响。

（2）文本分析

除交际渠道，文本分析也会对翻译质量产生影响。通过对翻译公司的在线调查，可以将翻译文本归纳为八大类型，即用户文本、销售材料、用户手册、网站信息、在线服务、音频视频、社交媒体和培训材料。不同的翻译文本对翻译质量的要求存在差异，对应的评估标准也会不一致。在动态评估理论中，选择"时间""功用"和"效感"三个指标作为其核心评估标准。

其中，"时间"指的是翻译文本要完成的限定期限，即时间紧迫程度；"功用"指的是翻译文本所蕴含的功能性特征；"效感"指的是翻译文本对翻译主体的价值影响程度，即翻译质量的好坏会对翻译主体的价值产生影响。不同类型的翻译文本在"时间""功用"和"效感"的侧重点上会存在差异，不同的翻译专业领域所对应的翻译教学应存在差异。

（3）评价方法

在选择合适的交际渠道对特定文本进行分析后，动态评估框架会根据翻译结果推荐合适的评价方法，并按照一定的适用程度进行有效排序。在动态评估框架中有八种常用的评价方法：有效性评估、专业标准评估、流利程度检查、错误分类法、可持续性评价、社群翻译评价、客户反馈评价和内容评价。在上述评价方法中，有五种是特定的双语评价方法，有三种是单语评价方法。在进行翻译质量评价时，用户可以根据具体的使用情境和翻译文本对推荐的评价方法进行合理的选择，既可以采用单一的评价方法，也可以同时选择多种方法进行灵活组合。

3. 动态评估理论对大学英语翻译教学的影响

（1）交际渠道：学习资源有限

由交际渠道的分析可知，在现实的工作环境中，翻译工作者既会面临企业内部的交流活动，也会面临企业外部的交流活动。因此，在学习资源的建设上要尽可能做到丰富，并紧跟时代的步伐，及时在学习平台上更新全新的学习素材。企业面临的经营环境是不断变化的，尤其是跨国公司所面临的环境更加复杂，业务所在国家的经济、政治和社会环境随时可能会产生新的变化，政策法规也会做出随时调整。在校学习期间，英语教师应该为学生建立丰富的学习资源，使学生能够掌握不同类型的分析文本，熟悉对内、对外不同的交际渠道，提升自身的专业能力，为未来的工作奠定基础。

（2）文本分析：学习文本专业性偏低

英语翻译是一门兼具理论性和实践性的英语课程，其学习教材贯穿课程教学的始终，对教学效果影响较大。目前，英语翻译教学教材没有做到及时更新，导致专业性偏低，课程教材开发较为落后，可供教师自由选择的教材较少，教材修订的后续工作进展迟缓。在教学实践中我国大部分教材出版时间较早，词汇、例句没有得到及时更新，内容难以满足经济发展的需要，部分教材还存在照搬照抄的问题，错译误译较多。教材是学生学习的主要材料，必须具有准确性和严肃性，尤其要注重专业术语、数字、词句结构的选用，在教材编制过程中应该具备极强的使命感，避免影响学生学习。有些教材中存在教学内容安排不合理的问题，学习内容的安排前后颠倒。此外，有些英语翻译教材的编写没有基于实际需求，英语翻译教材的编写应坚持"以实用为主、以够用为度"的原则，从经济活动的实际需求出发，以就业为指导，针对岗位需求确定理论培养和实践培养的目标，使学生能够掌握必要的翻译技能，从而胜任翻译岗位。

（3）评价方法：教学模式单一

教学是由教与学组成的双边活动，因此教学方法的选择应具有双边性。教学活动既包括教师的教，也包括学生的学，缺少其中任何一个要素，都会对教学活动产生巨大的冲击。目前，在大学英语翻译教学中仍然采用传统的教学方法，课堂以教师为主导，从上课讲到下课，只采用单一的教学方法，导致学生的参与度不高，学习兴趣下降，直接影响教学效果。单纯的课堂讲解使得学生缺乏系统思考的时间，导致学生难以形成完整的知识体系，有时学生还在思考，教师就讲到下一个知识点，结果学生对第二个知识点也是一知半解，以致进入恶性循环中。

（二）功能翻译理论

1. 功能翻译理论概述

功能翻译理论主张翻译工作应该在确定文本、满足实际需求的前提下，选择不同的翻译策略转译内容，由此完成翻译任务，并获得预期的工作效果。

功能翻译理论可以指导翻译工作，将达成目标作为工作关注对象，增强英语翻译工作的目的性。运用功能翻译理论，针对不同交流实质提出更加便捷、有效的翻译模式。在不改变原文大体意思的前提下，适当地删减原文内容，调整原文语序，满足信息接收者的阅读需求。

2. 功能翻译理论在大学英语翻译教学中的应用价值

（1）注重表现英语文本的核心内涵

"信""达"是翻译工作开展的基础原则，可以体现出英语文本的表面意思与内涵。读者阅读翻译后的汉语文本能够准确地了解作者的思想情感。功能翻译理论的目标是将文本中的内涵准确地用汉文翻译表达出来。功能翻译理论重点强调翻译的技巧，翻译者一定要掌握多种翻译技巧，然后根据实际情况进行选用。另外，重视文本内容的同时还要保证翻译语句的连贯性，从整体入手使整篇文章的翻译内容更为系统化，使文章的语句更流畅，只有这样才能保证读者在阅读中不出现问题，并且在阅读时能够读懂文本含义和理解作者表达的思想情感。运用功能翻译理论，可以培养学生的表达能力，提高学生的英语翻译能力，实现"信""达"的教学目的。

（2）重视源文本作者与读者的沟通

功能翻译理论认为，翻译人员并不是文本翻译工作的第三者，也不仅仅是一个单纯的文本翻译员，在翻译的过程中一定要重视读者与作者之间的情感交流，让两者在语言与思想上互通。运用功能翻译理论的主要目的就是实现作者与读者的无障碍交流，使读者在阅读翻译文本时与阅读源文本没有任何差别，可以在阅读的过程中感受到作者的思想与观点，理解文章中所表达的想法。大学英语翻译教学要引导学生掌握多种翻译技巧，使学生在翻译前做好准备工作，将理论与实践相结合，对文本作者的创作风格、中心思想、背景进行深入了解。学生要正确认识翻译的意义，在满足读者需求的基础上进行翻译。

（3）注重翻译语言表达方式的灵活性

大学英语翻译工作比较注重特定语句中的关键词，必须保证源文本与翻译文本用词的一致性，表现出源文本的内涵。如果学生在翻译时将固定的语句生硬地进行组合，翻译内容就会受到影响，表达也会被这种方式限制，就会造成译文生硬的现象。读者在阅读时理解不到文本的核心意思，阅读不流畅。功能翻译理论比较重视翻译表达方式的灵活性，将表达文本中的书面意思作为翻译的主要目标。学生想要做到这一点，必须准确掌握文本中语句的意思。要提高文本表达的准确性，更重要的是满足读者的需求，能够为读者提供有价值的阅读文本。

（三）可理解性输入理论

1. 可理解性输入的概念

克拉申于20世纪80年代提出了可理解性输入这一概念，并引入了"i+1"理论，其意义是"学生所接触到的语言应该和学生的现有语言水平保持一定的距离，大部分的内容是可以理解的，但仍然有一些对他们来讲是具有挑战性的。输入对学生来说，既不应太难也不应该太容易"。其中，"i"指的是学生现有的语言知识，

"1"指的是略高于学生现有水平的语言知识。学生只有在充分接触、吸收"i+1"水平的语言输入后,才能从"i"层次逐渐提高到"i+1"层次,从而实现语言习得。克拉申明确指出可理解性输入理论是关于习得的,而不是关于学得的。只要提供的语言材料超过学生现有的语言水平,并且是可理解的,那么学生就会习得超出其现有水平的那部分知识。克拉申还指出所提供的语言材料必须是有趣的,并且还应该是大量的、有关联的,只有这样学生才能实现从"i"到"i+1"的飞跃。

2. "i+1"理论对翻译教学的启示

(1)增加可理解性语言输入

克拉申提出要给学生提供超过其现有语言水平的语言输入材料,并且必须是可理解性的,只有这样语言学生才能理解超过其语言水平的知识,才能够达到"i+1"的语言水平。所以教师在翻译课堂上不仅要教授一些基本的翻译理论知识,还应该在此基础上教授一些常用的翻译策略和方法。但是,需要注意的是,这个过程是循序渐进的,教师所提供的翻译策略和方法不能远远超过或低于学生的现有水平,否则就不能达到有效的语言输入。因此,教师在组织教学中既要保证教学内容的输入符合"i+1"理论的原则,又要在把握学生原有语言水平的基础上,逐渐增加语言输入的难度。例如,在大学英语翻译教学中,教师发现学生的译文较生硬,这反映了学生的翻译实践受到汉语思维习惯的影响。英语和汉语属于两种完全不同的语系,汉语中的词不可能和英语中的词一一对应。在这种情况下,教师就要根据学生的学习水平适量地增加对翻译方法的输入,如意译、增译、省译、转译等,并在讲解过程中进行翻译实践,提高学生的课堂参与度,激发学生的翻译兴趣。学习翻译不仅要学习翻译理论和翻译技巧,还应该学习目标语国家的文化背景,这对英语翻译极其重要。做翻译练习时,没有一定的英语文化背景会影响翻译的准确度。

因此,教师在翻译教学中,要增加对英美文化国家的文化知识的输入。在做翻译练习时经常遇到对习语或者俗语的翻译,大多数学生会采用直译的翻译方法。如"不入虎穴,焉得虎子"这个成语,很多学生会直接翻译成"If one does not enter the tiger's lair, how can he expect to catch the tiger's cubs?",但是英美国家并没有这种表达方式。由于中国文化和英美文化的差异,在翻译习语或者俗语时最好采用意译的翻译方法。所以这个成语可以翻译成"One can not expect to achieve anything if he risks nothing."或者是"Nothing venture, nothing gain."。因此在英语翻译教学中,教师要增加对语言文化背景的输入。

（2）应用互联网组织翻译教学

根据克拉申的"i+1"理论可以得出：学生所输入的语言材料不仅要高于其现有的语言水平，还要具有可理解性、关联性、趣味性和足够输入量的特点。这就要求教师在教学过程中不仅要了解学生的语言能力，而且要了解学生学习的兴趣点，以达到最佳的教学效果。在翻译教学中，互联网的应用可以满足教师在这一方面的需求。随着时代的不断发展，互联网在社会各领域的应用越来越广泛。"互联网＋教育"理念的产生，改变了传统意义上的教学模式，不再只是"教师教，学生学"的单一教学模式，出现了慕课、翻转课堂、微课、手机课堂等新颖的教学模式。这些教学模式对大学英语翻译教学具有借鉴意义。在大学英语翻译教学中将互联网引入课堂，不仅可以丰富教师教学的组织形式，而且可以激发学生学习的积极性，这使得在一定的教学时间内学生对语言输入的吸收程度比其在传统教学模式下的吸收程度要高，有利于提高学生的英语翻译能力，有利于提高学生的语言水平。

首先，借助互联网，教师可以获取大量有关国内外时政热点、趣闻轶事的翻译材料，这样就可以弥补英语翻译教材中所给翻译材料陈旧、乏味的不足，也可以让学生在翻译的过程中了解国内外的大事，增长见识。另外，由于经济全球化的快速发展，社会急需应用型翻译人才。所以教师在进行大学英语翻译教学的过程中除了讲授一些必要的翻译理论知识，还可以在借助多媒体技术开展教学的基础上，给学生提供一些不同体裁的翻译材料。因为翻译不能仅限于单一体裁的实践练习，这样不利于学生英语翻译能力的综合发展，也不符合社会所需的翻译人才的标准。

其次，互联网在大学英语翻译教学中的应用可以给师生提供相对充足且具有趣味性的翻译材料。例如，通过在课堂上共同观看带有中文字幕的经典英美剧，不仅可以提高学生的英汉翻译能力，而且锻炼了学生的英语听力。通过这种教学方式，可以激发学生对翻译的热情，也可以提高学生对翻译学习的积极性。同时，教师还可以培养学生利用互联网获取有关英语翻译材料的能力，提高学生的自主学习能力。但需要注意的是，互联网中既有丰富的有利于学生学习的信息，也有很多信息垃圾，这种信息垃圾会对学生的身心发展产生极大的负面影响。所以教师应教会学生正确获取网络信息的方法，促进学生英语翻译能力的提高。

（3）重视翻译课堂的趣味性

克拉申指出，学生所接触到的语言输入既不应该太难，也不应该太容易。太简单的语言输入不能有效地提高学生的语言能力，而太难的语言输入又会给学生造成一定的心理压力，出现过度焦虑的情况，最后导致语言输入的失败。所以，教师在大学英语翻译教学中要选择符合学生实际翻译水平，并且能够引发学生兴趣的翻译材料。

首先，兴趣是最好的教师。一旦学生对英语翻译材料感兴趣，就会激发英语翻译的热情和主动性。因此，教师应该借助互联网为学生提供趣味性、即时性、生动性强的翻译材料，尽量缓解学生的压力。例如，教师在讲授翻译理论知识之前可以让学生先进行英语翻译体验，教师可以选取贴近学生实际生活的材料来组织学生进行自主翻译练习。其次，教师应该加强学生在英语翻译学习中的主体地位。教师可以采取翻转课堂的教学方式，打破以前以教师为主体的教学模式，给学生更多的时间和机会在翻译课堂上进行翻译实践，或表达自己关于翻译学习的体会。教师还可以在英语翻译课堂上组织多种形式的翻译练习，摒弃以前单一的提问形式，给学生创造一个真实的、生动的语言环境。例如，可以在课堂上开展小组交流，使学生在组内对所翻译的材料各抒己见，互相借鉴对方好的翻译策略和技巧，同时教师在小组交流的过程中要起引导的作用，帮助学生从思想上接受英语翻译的学习。通过小组交流的形式可以调动学生翻译学习的积极性，激发学生的学习动机，有利于增强英语翻译课堂的趣味性，提高学生的翻译能力。最后，教师要让学生进行自主翻译练习。通过这种教学方式，学生会体会到学习翻译对自己专业学习的帮助，知道学习翻译知识的必要性。通过改变课堂教学形式，加强师生之间的交流，可以鼓励学生积极参与英语翻译课堂教学，增强英语翻译课堂的趣味性，进而增加可理解性输入，提高学生的翻译能力。

三、大学英语翻译教学的基本方法

（一）合作学习法

1. 合作学习的概念

合作学习是一种结构化、系统化的学习策略，指由 2~6 名具有不同能力的学生组成学习小组，以合作、相互支持的方式共同参与学习活动，完成小组学习目标。在提升每个人学习水平的前提下，学习小组通过产出良好的学习成果，获得团体奖励。

大学英语翻译教学中的合作学习，指学生在教师的指导下开展的具有明确分工特性的小组学习模式。合作学习鼓励学生为集体和个人的利益而共同努力，在完成共同任务的过程中实现个人能力的发展。在英语翻译学习中，由于学生自身的学习能力存在差异，英语翻译能力较弱的学生容易遭受打击，进而容易产生疲劳心理或自暴自弃的念头。教师若能在大学英语翻译教学中开展合作教学，就能通过同伴互助帮助学生在合作学习中解决这些问题，使学生感受到学习的乐趣，增强学生的自信心。

2. 合作学习的基本要素

关于构成合作学习的基本要素有几种不同的解释：第一种观点是三要素理论，三要素理论包含了个人责任、小组目标和成功机会均等。第二种观点是四要素理论。第三种观点是五要素理论。总的来讲，五要素理论的观点获得了比较广泛的关注和认可，它包含以下五个方面的内容。

（1）异质分组

异质分组的主要优势在于小组成员之间可以取长补短，虽然个体之间存在差异，每个组员也都有自己的缺点，但是在合作学习小组中反而能够充分发挥自己的优势，并且达到优势互补的目的。所以把小组视为一个整体，就能挖掘本组的最大潜力。教师在安排分组时要考虑多方面的因素，如学生的性别、爱好、特长、学习水平等，从而进行灵活多样的搭配组合，使得本组的小组成员内部之间有明显的差异性，这样的分配使得整个小组充满生机，大家可以在这样的环境中共同进步。基础稍微差点的学生可以在合作学习过程中感受到榜样的力量，将消极的学习态度转变为积极主动的学习态度，并调整和优化自己的学习方式，从而取得进步。基础好的学生在合作学习的过程中能够充分发挥自己的优势，起到很好的示范作用，并能从中获得一些灵感和启示，促进后期的学习。

（2）积极互赖

积极互赖重点强调两个方面的内容："积极"强调整个过程的实施是学生自愿地积极主动地参与进来的，不是受到教师、同学、家长等外界因素的影响而被动参与的，这两者之间有着本质的区别。"互赖"侧重交代了整个过程是双向的依赖关系，不是单向的贡献，这就表明在合作学习小组中内部之间要做到相互配合、相互支持、相互理解等。"互赖"主要包括目标互赖、奖励互赖、角色互赖、资料互赖、身份互赖等。只有当组内成员之间的相互依赖关系得以实现，才能真正创建合作学习的环境，才能保证后续工作的有效开展。

（3）个人责任

个人责任是指在合作学习的过程中，小组内的每一位成员都需要为实现小组的目标而贡献出自己的一份力量，不能坐享其成。每位成员都应该以小组为重心，有强烈的责任感和使命感，小组的最终胜利取决于所有成员的共同努力。只有每位成员百分之百地投入，小组才能发挥出最好的水平。

（4）合作技能

在合作学习的过程中，学生在构思和组织语言表达自己的想法和意见时，能不断提高语言组织能力；在所有成员表达自己不同的观点时，大家学会分享的同时也能够虚心接纳和认可他人；同时也培养了领导能力、决策能力等。这些能力都不是与生俱来的，而是通过合作这样的方式一步一步培养起来的。

（5）小组评估

小组评估是指针对合作情况做出客观公正的评价，这有助于学生培养良好的学习习惯，学会在学习中时刻进行反思和总结，为后期的学习积累经验，也有利于加深组员之间的友情，增强团队的凝聚力。

3. 开展合作学习面临的挑战

（1）如何平衡差异

众所周知，不同的群体会创造不同的学习环境。在高校，每一位学生都有各自的特点，他们有不同的背景、思想、性别或者民族特征，他们之间或多或少都存在着一些差异。在合作学习模式下，具有不同特点的个体被放置在一个学习环境中，因此往往容易出现由于缺乏共同语言，很难彼此敞开心扉的情况。而且，学习小组成员由于存在性格和背景差异，极易在学习探讨的过程中发生不必要的冲突，从而影响正常的英语翻译课堂秩序。因此，如何在合作学习中平衡个体差异，营造积极向上的合作学习氛围成为一个亟待解决的问题。

（2）如何合理安排学习进度

在英语翻译课堂中，不同学生的学习进度存在差异。一些英语翻译能力相对较差的学生，可能很难跟上合作学习小组的整体学习速度。但是，在合作学习中，小组成员如果为了照顾能力差的同学而放慢甚至暂停整体学习进度，这对能力较好的学生来说是非常不公平的。因此，在合作学习前，大学英语教师需要对学生的英语翻译能力有一个初步的掌握，以便制订符合实际情况的教学计划。

（3）如何规划合作学习人数

合作学习小组的规模是教师应该考虑的重要因素。一些教师认为，应尽量减少合作学习人数，以确保每位同学都有足够的机会参与到英语翻译课堂的讨论中。但是，也有教师认为，规模较大的小组更容易产生思想碰撞，更有利于促进学生的交流。大学英语教师应根据具体情况，合理规划合作学习人数。教师若不能科学规划合作学习人数,那么英语翻译课堂的合作学习就不能很好地达到预期效果。

4.合作学习法在大学英语翻译教学中的优势

(1)有助于激发学生学习英语翻译的积极性

英语对大学生来讲是一门外语,学生在学习英语时难免会产生畏难或抵触情绪。教师若一味地采用传统的教育模式,很难取得良好的教学效果。为了消除学生的负面情绪,教师可以采用师生合作、生生合作的方式,加强教师和学生、学生和学生之间的互动。合作学习可以有效体现学生的课堂主体地位,激发学生的主观能动性。教师通过在英语翻译课堂中开展合作学习,营造良好的英语翻译课堂氛围,激发学生学习英语翻译的主动性和积极性。

(2)提高学生的学习效率

在大学英语翻译课堂中,合作学习可以加强学生之间的沟通和交流,增强其团队意识。学习小组内优秀的学生可以帮助能力较弱的学生重拾学习英语翻译的信心。学生通过课前或课后讨论可以自行解决一些较为基础的问题,这样一来,教师就可以在课堂上有针对性地讲解重点与难点知识,从而极大地提高学生的学习效率。

(3)培养合作精神,提高综合素质

随着社会经济和科技的发展,人类面临的问题也变得越来越复杂,个人的力量很难解决一些复杂问题。在当代教育体系中,教师必须注重培养学生的合作精神。在大学英语翻译课堂中,开展合作学习无疑是培养学生合作精神的最佳途径。在合作学习中,教师应引导学生融入集体,以集体利益为出发点,从而培养他们的集体荣誉感和合作精神,进一步提升大学生的综合素质。

(二)任务型教学法

1.任务型教学法在大学英语翻译教学中的重要性

首先,就我国大学英语翻译教学现状来讲,任务型教学法相对符合大学英语翻译的教学实际,这样的教学模式比较契合当前教育发展和改革的需求。将其与其他教学理念和方法实现充分结合,有利于大学英语翻译教学的开展。任务型教学法可操作性和课堂可掌控性相对较强,应用于大学英语翻译教学中,既有利于凸显学生的教学主体地位,也不会影响教师的教学主导作用。

其次,任务型教学法在体现教学效果方面是极其直观的。以任务为导向的教学模式,在完成任务的过程中,一方面,能够加强学生对英语翻译的理解能力,培养其语言思维能力。另一方面,任务型教学法在任务完成结果评估方面是全面、及时的,结果的评估与呈现能够最大限度地反映出教师教学过程中的优势与不足以及学生学习过程中存在的问题与短板。教师可以在此基础上进行教学方案与计划等方面的调整,使教学方式更契合实际的教学情况,也能够真正做到因材施教。

最后,任务型教学法能够释放学生的学习天性,进一步提升学生的主体地位。在大学英语翻译教学中采用任务型教学法,能够实现师生之间的交流互动,提高学生的学习参与度。因此,将任务型教学法应用于大学英语翻译教学中,不仅对提高教学效果有积极意义,对于教学结果的呈现和促进师生关系等都有着显著作用。

2. 任务型教学法在大学英语翻译教学中的实现路径

(1) 筛选教学内容并构建语言环境

在大学英语翻译教学中引入任务型教学法,首先需要合理筛选英语翻译教学的内容。一方面,教师需要评估学生的学习情况,以便更全面地了解学生在英语翻译学习中存在的问题和不足,并在此过程中确定教学目的和阶段性教学目标,然后根据这一评估结果进行教学内容和教学方法的选定。另一方面,教师在引导学生进行英语翻译学习时,要及时从旁协助,引导学生学会构建真实完整的语言环境。通过选定难度适中的翻译教学内容来帮助学生重拾学习信心。其次,教师要引导学生学会独立完成翻译教学任务,并在逐渐提升的过程中享受成功的喜悦感和学习乐趣,以此来提高学生的英语翻译学习能力。最后,教师可以采用情境模拟教学法,让学生通过扮演翻译者来提高英语交流水平和英语翻译教学的实践效果。

(2) 完善大学英语翻译教学模式

一直以来沿用的传统教学模式都是以教师讲、学生听为主,这样的教学模式是死板的,学生只能在教师灌输式的教学过程中被动地进行知识的学习,教师成为进行知识传授的唯一渠道。这样的教学方式虽然能够在一定程度上让学生掌握学习内容,却无法使其深入学习和掌握知识,难以提高学生的学习兴趣与主动性,学习习惯与方法的培养更是一纸空谈。

因此,大学英语翻译教学有必要引入任务型教学法这样现代化的教学方法。教师可以将英语翻译理论与任务型教学法结合起来,预设教学内容的主线,然后依据学生的学习诉求、动机等来引导学生学习。另外,教师在将大学英语翻译教学与任务型教学法相结合时，需要慎重地选定问题设定的内容，并遵循由简到难的问题设定原则，让学生能够实现层级提高。

（3）创设教学环境

教学环境对学生的影响是极大的。轻松有趣的教学环境能够引导学生自然地融入，为学生积极主动地学习创造条件，反之则会让学生产生消极的心理，学习效果必然会受到影响。而任务型教学法以任务导向为优势，这一优势有利于引导学生积极参与到任务完成的过程中，而且可以通过讨论、资料查阅以及自主思考等方式来完成任务，这一过程有利于培养学生的思维能力。

另外，任务型教学法的互动性和参与性可以有效改善师生之间的关系，良好的师生关系有利于营造良好的课堂氛围，同时也能够加强教师对学生的了解，帮助教师更好地引导学生进行问题解决和英语翻译学习。

（4）建立健全教学质量评价和反馈机制

建立健全教学质量评价和反馈机制，对于深化学校教育改革，进一步提高教师整体的师资力量水平等有着积极意义。首先，教学质量评价机制包括课程内容、教学模式以及过程、教学结果及其总结反思等部分，评定方法则可以选用学生评教、网络信息平台辅助评教以及专家评教等。学生评教可以在大学专门的教育管理与评价平台进行，也可以采取学生匿名现场参与的方法进行。评价时将教师的教学态度、方法和效果进行较为细致的评定划分，并在此基础上进行教学质量评价。网络信息平台辅助评教则可以扩大教师教学质量评价的范围，也使所获得的数据更具真实性。评价内容除了包括教师的教学态度、方法和效果，还应该涉及教学特色项目等方面的评价。专家评教则主要是由专家参与听课来进行评价，并针对教师的优势与不足给予及时的鼓励或纠正。其次，教学反馈机制主要包括高校综合教务管理系统的反馈和网络教学管理系统的反馈两个方面。其中，高校综合教务管理系统为师生学习交流以及提出意见和建议等提供平台，也能够让大学生充分了解教师。网络教学管理系统则通过对教师信息的合并、汇总以及排序和公示等提高高校师资力量的透明度，充分展示出高校的整体实力与教学水平。

第三节 应用语言学指导下的大学英语翻译教学策略

一、基于合作学习模式的大学英语翻译教学策略

（一）合理分组

教师要想在大学英语翻译课堂中有效开展合作教学，就需要提前了解班级学生的具体情况，在科学规划后合理分组，确保每一组学生都能公平地参加到英语翻译课堂中来。教师要在分组前，通过课堂测试和交流等方式，准确了解和掌握英语翻译课程中每个学生的学习水平。

教师根据掌握到的情况，将学生分到合适的小组内，确保各组学生都有能力参与英语翻译课堂活动，并实现均衡发展。与此同时，大学英语教师也需要为合作学习小组安排合理的座位，这样才能保证合作学习在大学英语翻译课堂中的有效实施。

（二）创新合作学习内容

为了提高学生对合作学习的兴趣，并且提高其参与合作学习的积极性和自主性，教师需要认真分析学生的需求，在合作学习活动的类型和组织方法上进行一定的创新。具体来讲，教师可以设计中英文翻译大赛，让学生以组为单位报名参赛，引导每组同学通过思想碰撞和优势互补，合作参与模拟比赛，通过竞争让学生主动掌握更多相关的英语翻译技巧。与此同时，在信息化时代，教师还可以让学生借助多媒体，合作搜索教学补充资料，拓宽他们的知识面。通过这些生动、有趣的活动，学生能在合作学习中进一步丰富知识、开阔眼界，提高综合能力和英语翻译核心素养。

二、基于翻译语料库的大学英语翻译教学策略

（一）提供充足的资金支持

基于语料库功能的强大性，为了更进一步发挥语料库在英语翻译课程教学中的指导性作用，学校应当充分认识到强大的功能支持需要同样强大的经费和资源支持。基于此，学校应当首先认识到提供充足的资金支持对发挥语料库作用的重要性。在日常的宣传推广过程中，应当注重分别从技术和资源两方面入手，为语料库系统的运行和完善提供支持。

具体来说，高校一方面要引进专业的语料库系统维护管理人员，另一方面应当重视语料库功能的更新和优化。语料库能够充分满足不同的应用需求，为了在尽可能缩减成本的情况下充分发挥语料库的功能，学校应对本校英语翻译课程的实际语料素材进行分析和研究，积极引入符合高校实际应用需求的语料库资源，形成科学的语料库应用体系。

（二）提升教师应用语料库的能力

随着语料库功能的丰富和完善，教师应积极提升掌握和应用语料库的能力。具体来说，教师需要结合学生的自主学习情况，充分了解其学习情况，对学生的翻译作业完成情况进行跟踪和指导。尤其是对于经常出现错误的学生，教师应当加大对这部分学生的关注力度，积极与学生达成有效的沟通与交流，切实了解学生翻译能力无法得到有效提升的主要原因，结合不同学生的实际情况给予针对性的指导和教育。从教师自身的角度来说，翻译学科是一门需要通过不断学习和积累来提升自身能力水平的学科，大学英语翻译教师应当分别从理论知识能力和实践学习能力两方面入手，通过有针对性的训练和进修实现个人综合能力水平的提升。

（三）加强跨文化知识学习

跨文化能力是学习英语最重要的能力。因此，学生应该在日常学习的过程中借助互联网学习更多的跨文化知识。除了课堂教学外，学生还可以积极参加课外交流活动，如社团活动、英语角等。在校期间，学生可与外教积极交流，在交流的过程中提高跨文化意识，进而提高应用能力。

参 考 文 献

[1] 訾韦力.应用语言学理论在英语教学实践中的应用研究[M].北京：中国轻工业出版社，2015.

[2] 陈娟，韩艳，王振红.英语语言学理论研究与应用[M].北京：中国水利水电出版社，2016.

[3] 韩俊秀，吴英华，贾世娇.任务型学习法与高校英语教学[M].广州：广东旅游出版社，2019.

[4] 杨娜，何赟，苏冲.应用语言学视域下的当代英语教学新探[M].北京：中国水利水电出版社，2019.

[5] 张茂君.当代大学英语教学与文学的融入探究[M].长春：吉林大学出版社，2019.

[6] 郭月琴.现代英语语言学的多维分析及其发展研究[M].北京：中国大地出版社，2019.

[7] 刘曦.基于多维视角的英语语言学理论探索与应用[M].北京：新华出版社，2019.

[8] 王冬梅.大学英语教学的跨文化教育探析[M].长春：吉林科学技术出版社，2021.

[9] 张丽霞.现代语言学及其分支应用语言学的理论与实践研究[M].北京：中国大地出版社，2019.

[10] 郭晶晶.跨文化交际与英语教学的融合研究[M].北京：北京工业大学出版社，2019.

[11] 王岚，王洋.英语教学与英语思维[M].长春：吉林人民出版社，2019.

[12] 佟丽莉.语言学与英语翻译教学的多维度探析[M].西安：陕西科学技术出版社，2020.

[13] 邝增乾.大学英语教学的情感因素研究[M].长春：吉林人民出版社，2020.

[14] 严帅.浅谈英语教学中应用语言学的有效应用[J].英语广场，2017（10）：83-84.

[15] 顾琳.试述英语教学中应用语言学的有效应用[J].佳木斯职业学院学报，2018（01）：332.

[16] 袁亚敏.英语教学中应用语言学的有效应用效果探析[J].现代经济信息，2018（05）：405-406.

[17] 尤春芝.基于应用语言学理论下大学英语教学措施思考[J].科教文汇（中旬刊），2018（09）：160-161.

[18] 章妮娜.从应用语言学研究领域看我国英语应用语言学教学与研究[J].科技风，2018（05）：35.

[19] 姜楠楠.应用语言学的大学英语教学模式改革研究[J].山东农业工程学院学报，2019（02）：155-156.

[20] 赵羽.应用语言学动机理论对英语课程教学的指导作用[J].湖北开放职业学院学报，2019（19）：154-155.

[21] 赵小桃.浅析应用语言学在英语词汇教学中的应用[J].辽宁师专学报（社会科学版），2019（03）：61-62.

[22] 付熙媛.分析应用语言学在大学英语教学中的应用[J].智库时代，2019（25）：173.

[23] 任瑞娜.新媒体背景下应用语言学与当代英语教学新思考[J].新闻研究导刊，2020（18）：200-201.